ココミル cocomiru

草津 伊香保 四万 みなかみ

草津温泉の中央に位置する湯畑(P18)

全国屈指の四大名湯を巡る 自然に囲まれた上州路へ

左：だるまのふるさと大門屋の高崎だるま(P100)／右：草津温泉プリンで人気の湯畑プリン(P21)
下左：湯煙が立ち上る西の河原公園(P20)／右：伊香保温泉の石段街では365段の石段が続く(P46)

四万温泉 積善館の本館は県の重要文化財(P64)

Bakery Cafe レンガでは焼き立てのパンを(P97)

茶楼 千の伊香保薫るソフトクリーム(P46)

ぐんまちゃんだるまはみやろく土産店で(P30)

湯畑では強酸性の湯が湧き出している(P18)

柏屋カフェの温泉マークカプチーノ(P67)

前橋市の広瀬川沿いでは文学と歴史に想いを馳せて(P92)

みなかみの峡谷では四季折々の美しい景観を堪能(P76)

高崎パスタで有名な Restaurant Cafe CARO(P101)

湯畑草菴 足湯カフェで人気の花豆抹茶パフェ(P28)

熱乃湯では伝統の湯もみショーを見ることができる(P19)

草津ぷりんは草津たまごファームで(P21)

草津温泉

食べ歩きも充実
温泉街をそぞろ歩き

レトロな草津温泉トートバッグ みやろく土産店(P30)

つつじ亭では洗練された懐石料理を(P37)

レトロな情緒たっぷりの伊香保温泉の石段街(P46)

上：安土桃山時代から続く老舗 岸権旅館の露天風呂(P53) 下：石段街の途中にあるCREAMでクレープを(P46)

伊香保温泉

文学の香り漂う石段街は
浴衣が似合うさんぽみち

オリジナル注染手拭いは民芸 山白屋で(P50)

河鹿橋は伊香保で一番の紅葉スポット(MAP折込表⑤A2)

コバルトブルーの湖面が美しい奥四万湖(P73)

上:四万温泉 積善館の元禄の湯の床は美しいタイル敷き(P70)下:森のカフェ KISEKIでさわやかな風を感じて(P67)

四万温泉

目指すは「四万ブルー」
佳景と温泉でのんびり

源泉を用いた温泉壱號はわしの屋酒店で(P68)

川魚料理 くれないでは温泉の蒸気で調理する(P66)

水上のアクティビティが満載 キャニオンズみなかみ(P82)

鉄道ファン必見のSL ぐんまみなかみ(P83)

みなかみ

山と渓流の絶景ビュー
温泉とアクティビティーを満喫

有形文化財で宿泊できる法師温泉長寿館(P80)

渓流を眺める露天風呂が爽快な宝川温泉汪泉閣(P80)

菓子工房大とろ牛乳はメディアでも話題(P84)

DOAI VILLAGEでは満天の星空を仰ぐ(P81)

草津 伊香保 四万 みなかみってどんなところ？

全国屈指の知名度を誇る温泉地が点在

草津温泉では圧倒的なスケールの湯畑がみどころ。群馬の真ん中、渋川駅を起点にアクセスしやすい伊香保温泉は、石段街で有名な歴史のある温泉地。「草津の上がり湯」ともいわれる四万温泉は、山あいの名湯として人気が高い。みなかみ18湯には絶景を楽しめる湯宿が点在している。

湯畑は湯量豊富な草津温泉のシンボル(☞P18)

「四万ブルー」とよばれる神秘的な奥四万湖(☞P73)

おすすめシーズンはいつ？

温泉が目当てなら秋〜初冬 新緑や紅葉も見逃せない

各エリアの温泉地でのんびり過ごすなら、肌寒くなる季節がベター。貴重な雪見風呂を楽しめる冬もおすすめだが、車でアクセスする場合は路面状況を事前に確認してから出かけよう。豊かな自然に囲まれたエリアでもあり、新緑や紅葉のシーズンもぜひ訪れたい。

草津 伊香保 四万 みなかみへ 旅する前に 知っておきたいこと

群馬の温泉地を楽しむためのキホンを予習。
旬の話題や各エリアへのアクセスを事前にチェックして、
湯浴み、町歩きをスムーズに楽しみましょう。

どうやって行く?

鉄道、バス、車で目的地に合わせて効率よく

各エリアの起点となる駅は異なるため、事前にしっかり確認を。草津温泉へは長野原草津口駅、伊香保温泉へは渋川駅、四万温泉へは中之条駅、みなかみへは水上駅から、それぞれ路線バスなどを利用する。首都圏から高速バスを利用したり、車で各地をハシゴしたりするのもおすすめ。

草津温泉バスターミナルから湯畑までは歩いて5分ほど

観光にどのくらいかかる?

それぞれの温泉街を回るなら半日+周辺観光で1日たっぷり

草津、伊香保、四万はコンパクトな温泉地のため、半日ほどで町歩きが楽しめる。みなかみの温泉地は町内に点在しているため、景勝地などに立ち寄りながら1日かけてゆっくり回りたい。1泊2日の旅プランなら、2つの温泉地でのんびり過ごすこともできる。

情緒あふれる伊香保の石段街は、歩くだけなら15分程度(☞P46)

このエリアらしい体験をするなら?

湯もみ、射的、アート…アクティビティーも多彩

草津にある熱乃湯では湯もみ体験ができる。ほかの温泉地でも射的やスマートボールなど、昭和の遊びを楽しめる。豊かな自然に恵まれたみなかみでは、水辺のアクティビティーにチャレンジしたい。ダイナミックなラフティングや渓谷にダイブするバンジーなど、夏レジャーに欠かせない。

草津名物の湯もみショーは必見!(☞P19)

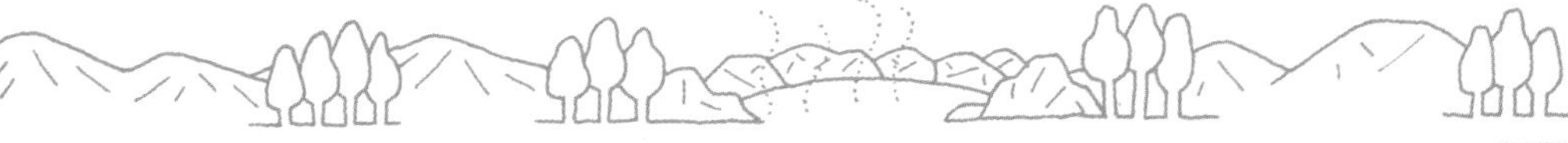

1日目

10:30 草津温泉BT

長野原草津口駅から路線バスで草津温泉BTに到着。ここから湯畑までは歩いて5分。

10:40

湯畑の近くにある御座之湯は、明治時代の共同浴場を再現した入浴施設(☞P25)。

御座之湯で行っている浴衣のレンタルサービス。町歩きの準備は万全(☞P19)。

11:30 湯畑

温泉街の中心で草津温泉のシンボル。一帯には足湯、手湯などが備わっている(☞P18)。

13:00

湯畑草菴 足湯カフェでは、足湯に浸かりながらスイーツやドリンクが楽しめる(☞P28)。

14:00

山本館から西へ延びる西の河原通り。人気のグルメやショップが立ち並ぶ(☞P20)。

14:30

園内のいたるところで源泉が湧く西の河原公園。夜のライトアップも幻想的(☞P20)。

15:15

西の河原公園の最奥にある西の河原露天風呂。野趣あふれる広々とした造り(☞P24)。

15:30

西の河原通りに戻って、通り沿いの射的茶屋まつりやに立ち寄ろう(☞P38)。

16:00 裏草津・地蔵

湯畑から100mほどの高台にある裏草津・地蔵エリア。近年話題のスポットも(☞P22)。

草津みやげなら、本家ちちや湯畑店の温泉まんじゅうを手に入れよう(☞P31)。

18:00 宿泊

湯畑近くに湯宿が点在している。宿泊すれば湯畑のライトアップも楽しみ(☞P18)。

おや

1泊2日で とっておきの草津 伊香保の旅

湯畑を中心に町歩きするなら日帰りでも十分楽しめるが、
グルメ、足湯、みやげ探しで、のんびり草津温泉に宿泊したい。
2日目はレトロな情緒漂う石段街の伊香保温泉へ。

2日目

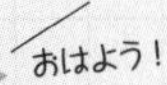

おはよう！

10:00 伊香保温泉

温泉街に行く途中にある竹久夢二伊香保記念館。建物も一見の価値あり(☞P56)。

伊香保の眺望を楽しみたいなら、伊香保ロープウェイがおすすめ(☞P61)。

11:30 石段街下

石段街下にあるバス停に到着。周辺にはモニュメントなども立つ(☞P46)。

ハワイの駐日弁理公使の別荘の一部を見学できる、ハワイ王国公使別邸(☞P61)。

12:00 石段街

石段下から伊香保神社まで365段の石段街。情緒ある温泉街をそぞろ歩き(☞P46)。

ランチ

お食事処四季彩では、ブランド豚を使ったソースカツ重がおすすめ(☞P61)。

13:30

縁結びにご利益があるとされる伊香保神社では、絵馬を奉納する人も多い(☞P47)。

13:40

岸権旅館の入口に設置された足湯 岸権辰の湯には、黄金の湯が注ぐ(☞P53)。

14:00

屋外休憩所のポケットパーク。階段の上り下りの途中でひと休みできる(☞P47)。

15:00

昭和レトロな風情が魅力のなつかし屋本舗では、射的や輪投げが楽しめる(☞P47)。

石段街の路地にたたずむ、ハンドドリップコーヒーと甘味が味わえる茶房てまり(☞P49)。

16:30

散策の締めくくりは、立ち寄り入浴施設の伊香保温泉石段の湯でリフレッシュ(☞P47)。

せっかく遠くへ来たんですもの

3日目はひと足のばしてみませんか？

美肌の湯で知られる清流沿いの四万温泉へ

「四万の病に効く」といわれることからその名が付いた四万温泉。四万ブルーとよばれるダム湖や景勝地などもあり、車を利用して観光したい。(☞P62)

自然の中で遊びたい緑に囲まれたみなかみへ

水上駅を起点に諏訪峡ハイキングがおすすめ。ラフティングなど水辺のアクティビティも人気が高い。利根川上流に個性あふれる湯宿が点在。(☞P74)

ココミル cocomiru

草津 伊香保 四万 みなかみ

Contents

●表紙写真
柏屋カフェ(P67)の温泉マークカプチーノ、民芸山白屋(P50)の手拭い、伊香保温泉の河鹿橋、湯あがりかりんと(P20)のみやげ、草津温泉のシンボル湯畑(P18)、民芸 山白屋(P50)の花うさぎこけし、茶房ぐーてらいぜ(P28)のスイーツ、原美術館ARC(P56)の屋外展示、四万ブルーが美しい奥四万湖(P73)、少林山達磨寺(P100)の絵馬

〈マーク〉

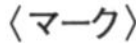
観光みどころ・寺社
プレイスポット

レストラン・食事処
居酒屋・BAR
カフェ・喫茶
みやげ店・ショップ
宿泊施設
立ち寄り湯

〈DATAマーク〉

☎ 電話番号
住 住所
¥ 料金
開館・営業時間
休 休み
交 交通
P 駐車場
室 室数
MAP 地図位置

湯畑は草津温泉のシンボル(P18)

温泉たまごは草津ガラス蔵1号館の名物(P39)

上州地粉うどん まつもとの一品(P27)

温泉街を見守る伊香保神社(P47)

茶屋たまきのお汁粉セット(P49)

老舗の四万温泉 積善館(P64)

温泉グランピングシマブルー(P72)

四季折々に美しい諏訪峡(P76)

ノスタルジックな風情漂う町並みをそぞろ歩き。群馬の四大温泉地へ出かけましょう

県内に多くの源泉が湧き、温泉大国といわれる群馬県。なかでも草津、伊香保、四万、みなかみの４大温泉郷は情緒あふれる温泉街に、全国から観光客が訪れます。レトロかわいい撮影スポットやグルメにも注目です。

万座ホテルジュラクの「雲海の湯」(P43)

猿ヶ京バンジーはスリル満点(P82)

草津 伊香保 四万 みなかみって こんなところ

全国的な知名度を誇る群馬の温泉地。
泉質のみならず豊かな自然の絶景も魅力です。

温泉エリアは大きく4つ

群馬県の北西部に点在する人気の温泉地。浴衣でそぞろ歩きを楽しみたいなら草津、伊香保がおすすめ。ひなびた山あいでしっぽり湯治したいなら四万温泉、秘境の一軒宿でダイナミックな湯浴みならみなかみと、個性的な4つのエリアに分かれている。それぞれの温泉地への玄関口となる、高崎、前橋、富岡などでは町歩きを楽しんで。

プランニングは鉄道、バスに車を組み合わせて

それぞれの温泉地へは、最寄り駅からのアクセスが異なるため事前に予習しておきたい。草津、伊香保、四万へは鉄道の最寄り駅からバスを利用するのが一般的。みなかみは町内に18湯が点在しているため、鉄道の最寄り駅からレンタカーなど車で回るのが便利。首都圏から直通の高速バスなどを利用するのもおすすめ。

それぞれのエリアで最新情報をチェック

それぞれの温泉地には観光案内所などがある。周辺の最新情報や宿泊情報などプランニングのアドバイスをしてもらえるほか、レンタサイクルの拠点となっているところも。

湯畑まで徒歩5分の、草津温泉バスターミナルの中にある観光案内所

くさつおんせん
草津温泉 1

・・・P16

人気の温泉地ランキングで常に上位の名湯。湯畑を中心に情緒ある町歩きが楽しめ、昔ながらの温泉文化を体感できる。

▶熱乃湯では草津名物の湯もみショーが見られる

❶伊香保露天風呂では黄金の湯の源泉で湯浴みを楽しめる ❷石段街には旅館が設置した足湯も

いかほおんせん
伊香保温泉 2

・・・P44

『万葉集』に登場し、多くの文人墨客に愛された温泉地。伊香保のシンボル・石段街に、湯宿やショップなどが立ち並ぶ。

▲風情ある建物がひときわ目を引く四万温泉 積善館

しまおんせん
四万温泉 

・・・P62

山あいの四万川沿いに広がる温泉地。肌にやさしい「美肌の湯」としても知られ、古くから多くの湯治客が訪れている。

❶湯船からダイナミックな景色が楽しめる湯宿もある ❷人気のSLぐんまみなかみ

みなかみ 

(みなかみ)

・・・P74

秘湯の一軒宿をはじめ、利根川上流沿いに18の温泉が点在。水辺のアクティビティが楽しめるエリアとしても人気。

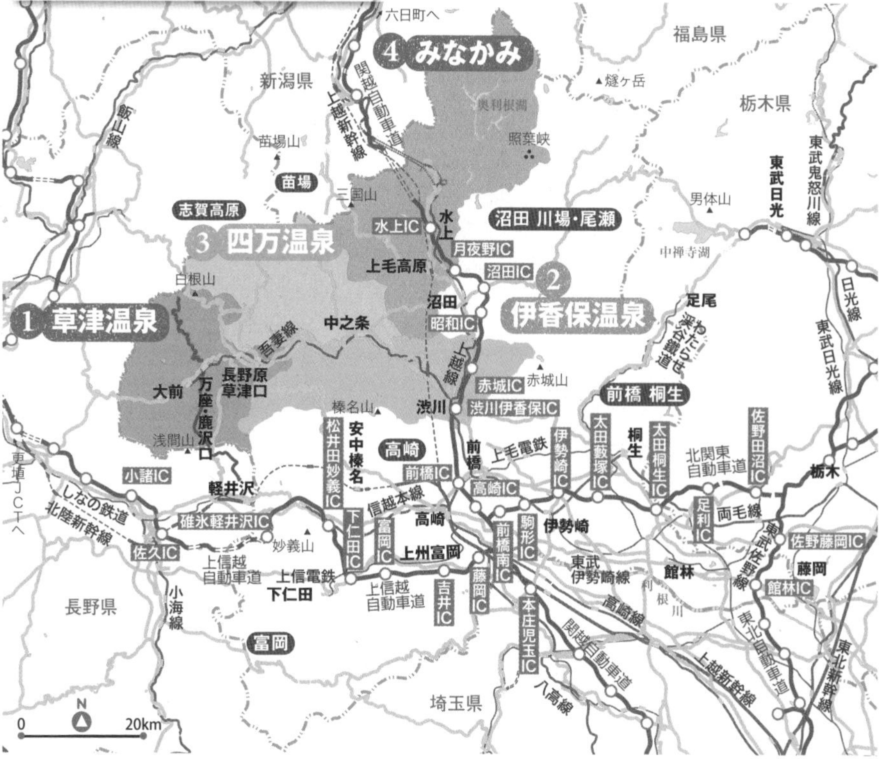

ひと足のばして…

富岡

(とみおか)

・・・P86

世界遺産の富岡製糸場をはじめ、歴史的な建造物が立ち並ぶエリア。レトロな風情の食事処やカフェも多い。

前橋

(まえばし)

・・・P92

萩原朔太郎の出身地であり、文学ゆかりの地が点在するエリア。歴史ある街並みを散策しよう。

桐生

(きりゅう)

・・・P96

かつて織物業で栄え、今なおノコギリ屋根の建物が現存するエリア。名物グルメも多彩で食べ歩きも楽しめる。

高崎

(たかさき)

・・・P100

各方面への交通の拠点となるエリア。高崎だるまの絵付け体験や、名物の高崎パスタも楽しんで。

草津のシンボル
湯畑ライティング

毎日、日没～24時まで彩り豊かなライトが、湯畑(☞P18)を幻想的に照らし出す。

ナカヨシ堂のクリームソーダ(☞P39)

これしよう!

温泉街の西側に広がる
温泉が湧き出すスポット

湯畑から離れた西の河原公園(☞P20)には、温泉にふれることのできる湯だまりもある。

話題の裏草津にある
おこもりスポット

漫画堂(☞P23)では草津温泉にゆかりのある漫画家の作品などが見られる。

湯畑を中心に多くの人で賑わう王道エリア

草津温泉

くさつおんせん

いいやま亭では五目釜めしなど約20種類の釜めしが味わえる(☞P27)

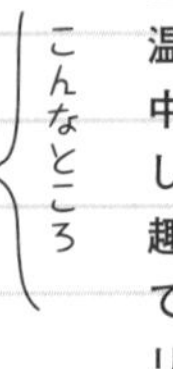

こんなところ

全国的に知名度の高い草津温泉は、手軽に温泉情緒を満喫できる王道エリア。湯畑を中心に名だたる旅館が軒を連ね、年間を通して多くの湯治客が訪れる。共同浴場や野趣あふれる露天風呂もあり、日帰り利用もできる。近年、裏草津・地蔵とよばれるエリアも注目を集めている。

access

●草津温泉へ
JR長野原草津口駅からJRバス関東で約25分、または、JR軽井沢駅から草軽バスか西武観光バスで約1時間15分、草津バスターミナル下車。

問合せ
☎0279-88-0800
草津温泉観光協会
☎0279-88-7188
草津町観光課
広域MAP P106B3

～草津温泉 はやわかりMAP～

観光のヒント
湯畑周辺では徒歩移動が基本

草津温泉バスターミナルから湯畑までは徒歩5分。湯畑からは徒歩20分以内にみどころ、グルメ、ショップが点在している。車で訪れた場合は、近くの駐車場に停めて歩こう。

源頼朝ゆかりの源泉スポット

6つの源泉を有する草津温泉で、歴史のある白旗源泉を見ることができる。

話題の裏草津でテイクアウト！

TOLO STANDではとろ地蔵焼き250円がおすすめ。小倉あん、抹茶などがある。

草津温泉の起点で観光情報をゲット

バスターミナル内にはスタッフ常駐の草津温泉観光案内所。

おすすめコースは 2時間

草津温泉バスターミナルから湯畑までは徒歩5分。湯畑を起点に裏草津・地蔵、グルメ&ショップのある西の河原通り、西の河原露天風呂など、半径20分以内に主要スポットが点在している。

スタート 草津温泉バスターミナル
▶ 徒歩5分
1 見学 裏草津・地蔵
▶ 徒歩5分
2 見学 湯畑
▶ 徒歩すぐ
3 見学 熱乃湯
▶ 徒歩20分
4 温泉 西の河原露天風呂
▶ 徒歩5分
5 プレイ 西の河原通り
▶ 徒歩10分
6 カフェ 湯畑草菴 足湯カフェ
▶ 徒歩5分
ゴール 草津温泉バスターミナル

毎分約4000ℓが湧出する源泉地 草津のシンボル、湯畑へ

日本一の自然湧出量を誇る湯畑で、大地のパワーを実感！
散策路や足湯をめぐり、食べ歩きグルメも楽しめます。

▲湯畑に並ぶ木の桶は湯の花を採るためのもの

湯畑（ゆばたけ）

湯けむり漂う温泉街の中心地

草津温泉のランドマークであり、草津温泉の6大源泉を代表する源泉。毎分約4000ℓ、1日にドラム缶約23万本もの温泉が湧き出し、自然湧出量は日本一！ 周辺には瓦を敷き詰めた歩道や、石柵、白根山を模した「白根山ベンチ」などがあり、湯畑を眺めながら散策を楽しめる。夜にはライトアップが行われ、青や白のライトに照らされ幻想的な風景に一変する。

☎0279-88-0800（草津温泉観光協会）住草津町草津 ¥営休見学自由 交草津温泉バスターミナルから徒歩5分 Pなし MAP折込表①C2

❶高温の源泉が湯樋を勢いよく流れ落ちる ❷周辺は日没から24時までライトアップされる

湯畑ってなに？

湯畑源泉が湧き出る源泉。約51℃の源泉が湧き、7本の湯樋を伝って各旅館や足湯へ送られる。pH2.1という酸性度で、雑菌などの殺菌作用が高い。温泉の成分が結晶した湯の花は、年に数回採取されている。

湯畑近くの立ち寄りSPOT

湯けむり亭（ゆけむりてい）

フォトジェニックな足湯

湯畑の一角に立つ総檜造りの東屋で、江戸時代にあった共同浴場「松乃湯」を再現したもの。湯だまりで温泉にふれるほか、散策途中にゆったり足湯を楽しめる。強い酸性なので数分でぽかぽかに。☎0279-88-0800（草津温泉観光協会）住草津町草津 ¥◷休利用自由 交草津温泉バスターミナルから徒歩5分 Pなし MAP折込表①C2

▲屋根があるため雨の日でも利用できる

滝の湯（たきのゆ）

ベンチに座ってリフレッシュ

湯畑・湯滝を眺める最高のスポット。楕円形の足湯の縁には木製のベンチが設けられ、腰掛けて足湯でリフレッシュできる。湯畑源泉の湯がかけ流しで注ぎ、24時間いつでも利用できるのもうれしい。☎0279-88-0800(草津温泉観光協会）住草津町草津 ¥◷休利用自由 交草津温泉バスターミナルから徒歩5分 Pなし MAP折込表①C2

▲目の前の湯滝は撮影スポット

浴衣de散歩 温泉街歩き（ゆかたでさんぽ おんせんがいあるき）

浴衣で温泉気分を満喫♪

御座之湯（☞P25）が提供する3時間の浴衣レンタルサービス。好みの浴衣と帯を選んで着付けてもらい、街中の散策を楽しめる。記念写真のプレゼントも。☎0279-88-9000（御座之湯）住草津町草津421 ¥3時間2500円（入浴セット）◷9～17時受付（最終返却20時）休御座之湯に準ずる 交草津温泉バスターミナルから徒歩5分 Pなし MAP折込表①C2

▲20種類以上の浴衣から好みのものを選ぼう

名物・湯もみショーを\CHECK!/

熱乃湯（ねつのゆ）

迫力の湯もみを間近で

大正ロマン風の建物の中で、草津伝統芸能の「湯もみと踊り」ショーを開催している。軽快な「草津節」の歌に合わせて約180cmの板で湯をかきまぜる。日・月曜限定で実際に湯もみ体験もできる。

▶湯畑近くに立つ大正ロマン風の建物

☎0279-88-3613 住草津町草津414 ¥入場700円 ◷9時30分、10時、10時30分、15時30分、16時、16時30分（所要各約20分）休無休（臨時休演あり、要問合せ）交草津温泉バスターミナルから徒歩5分 Pなし MAP折込表①C2

❶約180cmの大きな板で豪快に湯をかきまぜる ❷歌に合わせてリズミカルに湯もみ

テイクアウトグルメを\CHECK!/

温泉まんじゅう
1個150円～
2色の餡が入った白いまんじゅうがメインで、茶色がつぶ餡タイプ「本家ちちや湯畑店」☞P31

温泉たまご
1個130円
カップ入りでだし汁とスプーンがセットになってその場で味わえる「頼朝」☞P39

焼鳥
2本380円～
定番のねぎまのほか、ハツやナンコツ、ぼんじりなどがある「やきとり静」☞P39

熱乃湯では毎日20時から「草津温泉らくご」を開催しています。

草津温泉のメインストリート 西の河原通りをそぞろ歩き

歩いているだけでも楽しくなる、温泉街のメインストリートへ。草津限定のスイーツやグッズから、お気に入りを探してみましょう。

1 西の河原公園

さいのかわらこうえん

昔は鬼の泉水と称された湯けむり漂う公園

草津温泉の西側に位置する公園で、園内のいたるところから毎分約1400ℓもの温泉が湧き出し湯の川となって流れ出している。敷地内には西の河原露天風呂があるほか、ベルツ博士や斎藤茂吉など偉人・文人の歌碑や記念碑が点在。湯けむり漂うなかで散策を楽しめる。

☎0279-88-0800（草津温泉観光協会）住草津町草津 ¥営休園内自由 交草津温泉バスターミナルから徒歩20分 Pなし MAP折込表①A1

草津温泉のメインストリート

草津ガラス蔵にある草津温泉ポスト

かつては鬼の泉水と恐れられていた

＼西の河原通りとは／

湯畑から西の河原公園方面に続く草津温泉のメインストリート。沿道には老舗旅館が点在し、食事処やカフェ、みやげ物店が軒を連ねる。温泉情緒あふれる町並みを散策し、テイクアウトグルメを楽しむのもいい。

西の河原通り

1 西の河原公園

2 湯あがりかりんと

2 湯あがりかりんと

ゆあがりかりんと

食べ比べも楽しい28種のかりんとう

黒糖蜂蜜や湯の花、和三盆など28種類のかりんとうを販売。浴衣柄のかわいらしいパッケージに詰められ、みやげにも人気だ。湯あがりチーズタルト（バナナ味）324円もおすすめ。

☎0279-82-5551 住草津町草津505 営9時30分～17時30分（季節により変動あり）休不定休 交草津温泉バスターミナルから徒歩12分 Pなし MAP折込表①B2

カラフルなパッケージがずらり

黒糖蜂蜜かりんとう（左）388円と湯の花かりんとう（右）410円

3 寺子屋本舗 草津店

てらこやほんぽ くさつてん

もちもち食感の串ぬれおかき

100%国産の餅米を使ったせんべい・おかき専門店。店頭で販売する串ぬれおかきは、もち米100%のおかきを独自の手法で半分お餅の状態に仕上げ、もちもちの食感を楽しめる。

☎0279-88-9707 住草津町草津507 営9時30分～17時30分 休無休 交草津温泉バスターミナルから徒歩9分 Pなし MAP折込表①B2

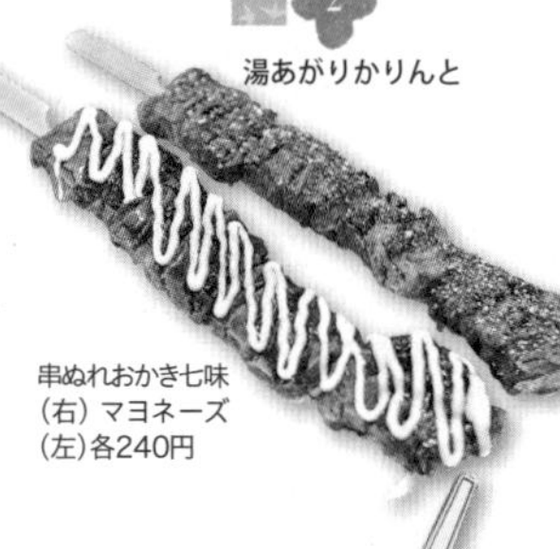

串ぬれおかき七味（右）マヨネーズ（左）各240円

醤油アイス486円はみたらしのタレが入っている

おみやげどころ くさつ りらっくまのゆ

4 おみやげどころ 草津 りらっくまの湯

湯もみがテーマの 草津限定商品も

2021年にオープン。「湯もみ」をテーマにしたリラックマの草津限定商品や、キーホルダー、雑貨などを販売。湯もみ娘姿のリラックマがキュート♪

☎0279-82-1216 住草津町草津507-4 ⏰9時30分～17時30分 休無休 交草津温泉バスターミナルから徒歩9分 Pなし MAP折込表①B2

店頭にあるリラックマの看板が目印

草津限定のマグカップ1430円

パリパリ食感が楽しい、プリントえびせんべい594円

くさつたまごふぁーむ

7 草津たまごファーム

地鶏卵からできた こだわりのスイーツ

豊かな自然の中で育てられた「横斑プリマスロック」という鶏の卵を使った創作スイーツなどのオリジナル商品を販売している。たまごのカステラや、サクサクのたまごサブレはみやげにも好評だ。

☎0279-82-1911 住草津町草津401 ⏰9時30分～18時30分 休無休 交草津温泉バスターミナルから徒歩6分 Pなし MAP折込表①C2

湯畑を眺めながらイートインもできる

地鶏たまごソフト(キャラメルソースがけ)390円

なめらかな口あたりの草津ぷりん430円

寺子屋本舗 草津店

3 寺子屋本舗 草津店
5 松むら饅頭
7 草津たまごファーム
湯畑
4 おみやげどころ 草津 りらっくまの湯
6 草津温泉プリン

まつむらまんじゅう

5 松むら饅頭

甘さ控えめの 自家製餡がポイント

昭和20年（1945）に創業し、伝統の味を守り続けている。毎日熟練した職人が作る温泉まんじゅうは、北海道産の小豆を使った自家製餡を黒糖入りの薄皮で包み、冷めてもおいしいと評判だ。

☎0279-88-2042 住草津町草津389 ⏰8～17時（売り切れ次第閉店） 休火曜、ほか水曜不定休 交草津温泉バスターミナルから徒歩8分 P3台 MAP折込表①C2

温泉まんじゅう1個150円～。箱詰めは9個入1350円～

数あるまんじゅう屋のなかでも人気の店

くさつおんせんぷりん

6 草津温泉プリン

見た目もかわいい 絶品プリン

草津温泉初のプリン専門店。榛名牛乳や国産卵、最高級のバニラビーンズなど厳選素材を使ったプリンは、とろけるような口あたり。プリンとカラメルの風味が混ざったプリンソフトもおすすめ。

☎0279-82-5278 住草津町草津407 ⏰10～17時（季節により変動あり） 休不定休 交草津温泉バスターミナルから徒歩7分 Pなし MAP折込表①C2

ジュレとプリンが2層になった湯畑プリン450円

店内にはプリンのフォトスポットもある

湯畑からすぐの裏草津・地蔵エリアは高台に位置するニュースポット

2021年、裏草津・地蔵地区に新たなスポットが誕生しました。
漫画やカフェをおしゃれに楽しむ、草津の新しい旅を提案しています。

高台広場には足湯や顔湯、手洗乃湯があり24時間温泉を楽しめる

裏草津

うらくさつ・じぞう

裏草津・地蔵

湯畑から100mほど離れた話題のエリア

湯畑の北東にある地蔵地区を再開発し、約1万冊の漫画を蔵書する「漫画堂」、居心地のよい「地蔵カフェ月の貌」、アート体験ができる「百年石 別邸」など多彩な施設が誕生。地蔵の湯を利用した足湯や顔湯もあり、ゆったりと思い思いの時間を過ごせる。

☎0279-88-7193（草津町役場企画創造課）住草津町草津 ¥時休散策自由 交草津温泉バスターミナルから徒歩5分 Pなし MAP折込表①C2

顔湯では地蔵の湯の湯けむりを顔に浴びて美肌効果も

木の香りがさわやかな展望デッキからは湯畑を見下ろせる

ゆらぎの時間を体感する
裏草津 蕩 TOU

裏草津の新名所としてオープンした宿。町歩きの拠点としてくつろぎの時間を演出する。伝統的な日本の建築様式を取り入れた建物や木組みの回廊もチェック! ☎0279-82-5805 MAP折込表①C2

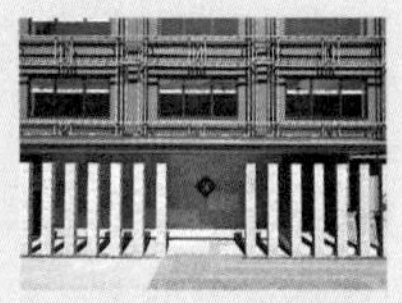

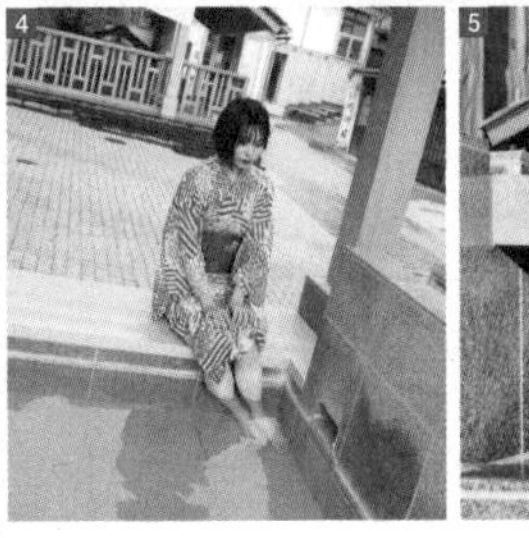

1 共同浴場「地蔵の湯」は貸切温泉「伝統湯地蔵」を備える(1時間3500円) 2 石灰石にペンキで絵や字を描く体験にチャレンジできる「百年石 別邸」 3 高台広場の一番上には「地蔵カフェ 月の貌」があり、ゆったり過ごせる 4 散策途中に足湯でリフレッシュ 5 手指の消毒もできる手洗乃湯

おすすめスポットはココ

まんがどう
漫画堂

あだち充やちばてつやなど、草津温泉ゆかりの漫画家の作品をはじめ、約1万冊の漫画を収蔵している。その場で読むか、併設の「地蔵カフェ 月の貌」にも持ち込みが可能。

☎0279-82-5641(地蔵カフェ月の貌) 住草津町草津 ¥2時間400円 ◷9時30分〜16時 休不定休 交草津温泉バスターミナルから徒歩5分 Pなし MAP折込表①C2

木造2階建ての館内には漫画がずらり。漫画は2冊まで持ち出しできる

じぞうかふぇ つきのかお
地蔵カフェ 月の貌

木の温もりあふれる大人のカフェ。ハンドドリップコーヒーなどこだわりのドリンクとともに、焼きたてのスコーンやマフィンを味わえる。夜は生ビールやワインも提供。テラス席はペット連れもOK。

☎0279-82-5641 住草津町草津 ◷9〜16時 休無休 交草津温泉バスターミナルから徒歩5分 Pなし MAP折込表①C2

ベースに栗をたっぷり敷き詰めた、マロンチーズケーキ700円

展望デッキや高台広場は夜になるとライトアップされ、幻想的な雰囲気に。

全国屈指の名湯にのんびり浸かる 草津自慢の日帰り湯へ

草津には名湯を日帰りでも楽しめる施設があります。
開放的な露天風呂や伝統を感じる湯小屋でリフレッシュしましょう。

コレでキレイに！
万代鉱源泉は草津温泉のなかでも高温の源泉で、殺菌・抗炎症作用に優れている

ぽかぽか つるつる 血流UP 白

さいのかわらろてんぶろ

西の河原露天風呂

開放感抜群の露天風呂

男女合わせると総面積約500㎡と日本有数の広さを誇り、100人以上が1度に入浴できるほど。新緑や紅葉の木々を眺め、爽快な気分で入浴できる。

☎0279-88-6167 住草津町草津521-3 ⏰7～20時（最終受付は～19時30分、12～3月は9時～）休無休（年に3～4日のメンテナンス休業あり）交草津温泉バスターミナルから徒歩20分 P300台（草津温泉スキー場第1駐車場利用）●泉質／酸性塩化物硫酸塩温泉 MAP折込表①A2

立ち寄り料金
700円

- 露天風呂 2 ＋内湯 0
- 貸し切り風呂 0
- 休憩室 × ＋食事処 ×
- シャンプー ×
- 石けん／ボディソープ ×
- フェイスタオル 400円
- バスタオル 1700円
- ドライヤー ×

ちょいな♨三湯めぐり手形1800円も利用できる

西の河原公園にある露天風呂

ぽかぽか つるつる 血流UP 白

おおたきのゆ

大滝乃湯

草津の伝統「合わせ湯」を体験！

露天風呂と内風呂、合わせ湯があり、サウナや打たせ湯も完備。古くから草津に伝わる「合わせ湯」では、湯温の異なる浴槽を低いほうから順に入ることで高い温浴効果が得られる。月に2日だけ白濁の湯も楽しめる。

☎0279-88-2600 住草津町草津596-13 ⏰9～21時（最終受付は～20時）休無休（メンテナンス休業あり）交草津温泉バスターミナルから徒歩12分 P100台 ●泉質／酸性硫黄泉 MAP折込表①D2

立ち寄り料金
980円

- 露天風呂 2 ＋内湯 4
- 貸し切り風呂 1
- 休憩室 ○ ＋食事処 ○
- シャンプー ○
- 石けん／ボディソープ ○
- フェイスタオル 400円
- バスタオル 1700円
- ドライヤー ○

大浴場は湯船も洗い場も広々

コレでキレイに！
源泉は美人の湯と名高い煮川温泉。合わせ湯のぬる湯は水で薄めず自然冷却している

ぽかぽか 温め効果　つるつる 角質落とし　潤 潤いを与える　血流UP 血流UP　白 美白効果　引き締め 肌の引き締め　すべすべ 肌すべすべ

ぽかぽか つるつる 血流UP 白

ござのゆ
御座之湯
古えの湯治場を偲ばせる

明治時代まで利用されていた共同浴場を再建した温泉施設。杉板を使用したとんとん葺きの屋根や、漆喰の壁が昔の湯治場を思わせる。風呂は内湯のみで、湯畑源泉と万代鉱源泉の2種類の湯が注いでいる。

☎0279-88-9000 住草津町草津421 🕒7～21時（最終受付は～20時30分、12～3月は8時～）休無休（メンテナンス休業あり）交草津温泉バスターミナルから徒歩5分 P100台 ●泉質／酸性硫黄泉、酸性塩化物硫黄塩泉 MAP折込表①C2

大広間からは湯畑を見渡せる

コレでキレイに！
木之湯は浴槽に檜、柱にはヒバ、天井には杉の木材を使用している

立ち寄り料金
700円
- 露天風呂 0　内湯 2
- 貸し切り風呂 0
- 休憩室 ○　食事処 ×
- シャンプー ○
- 石けん／ボディソープ ○
- フェイスタオル 400円
- バスタオル 1700円
- ドライヤー ○

コレでキレイに！
湯量豊富な源泉かけ流しの湯船で、いつも新鮮な温泉があふれる

立ち寄り料金
1時間1人1000円～
- 露天風呂 0　内湯 0
- 貸し切り風呂 3
- 休憩室 ○　食事処 ○
- シャンプー ○
- 石けん／ボディソープ ○
- フェイスタオル レンタル無料
- バスタオル ×
- ドライヤー ○

3階に宿泊用の客室を備える

ぽかぽか つるつる 血流UP 白

ごくらくかん
極楽館
心おきなく湯浴みを堪能

大正14年（1925）創業、自由に温泉を楽しめる素泊まりの宿。1階にはオープンカフェと立ち寄り湯ができる「カフェ・スパ・ノイエポスト」があり、3カ所の貸切風呂を備えている。自家源泉の大日乃湯と西の河原源泉をブレンドして湯浴みに適した温度にしている。

☎0279-88-2142 住草津町草津507 🕒11～16時 休木曜 交草津温泉バスターミナルから徒歩10分 P5台 ●泉質／酸性-アルミニウム-硫酸塩・塩化物泉 MAP折込表①B2

ぽかぽか つるつる 血流UP 白

だいとうかん
大東舘
湯畑源泉をかけ流しで

湯畑の目の前に立ち、落ち着いた客室と地産地消の料理に定評がある老舗宿。大浴場は壱之湯、弐乃湯の2カ所があり、どちらも広々とした内湯と外湯を備えている。湯畑から引いた湯畑源泉で旅の疲れを解消しよう。

☎0279-88-2611 住草津町草津126 🕒15～21時 休不定休 交草津温泉バスターミナルから徒歩5分 P草津温泉ホテルリゾート隣接の専用駐車場利用 ●泉質／酸性・含鉄・硫黄-アルミニウム・カルシウム-硫酸塩・塩化物泉 MAP折込表①C2

立ち寄り料金
800円
- 外湯 2　内湯 2
- 貸し切り風呂 0
- 休憩室 ×　食事処 ×
- シャンプー ○
- 石けん／ボディソープ ○
- フェイスタオル 無料
- バスタオル 200円
- ドライヤー ○

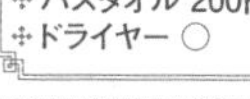

明るく開放的な弐乃湯。時間で男女入れ替え制

コレでキレイに！
湯畑から専用パイプで引いた湯は、強酸性ながらあたりがやわらかいのが特徴

地元の素材を生かした 草津の名物グルメに舌つづみ

群馬県で育った赤城和牛やマイタケ、花いんげん豆など
地元素材を用いた滋味あふれるメニューで体の中から元気に。

赤城和牛ステーキ重100g1750円は、軟らかくきめ細やかな肉質の赤城牛のステーキが敷き詰められている。ニンニクの利いたタレが肉のうま味を引き立てる

わぎゅうびすとろみくにや

和牛ビストロ三国家

丹精込めて育てられた和牛を堪能

創業80余年の老舗蕎麦屋「三国家」が、和牛の生産者とともに立ち上げた和牛専門のビストロ。群馬県産の赤城和牛と希少価値の高い宮崎産の尾崎牛を生産者から直接仕入れ、ステーキや肉寿司など手頃な価格で味わえる。

☎0279-88-2134 住草津町草津386 ⏰11時～14時30分、17時30分～21時 休火曜、月曜不定休 交草津温泉バスターミナルから徒歩7分 Pなし MAP折込表①C2

赤城和牛の炙り肉を握りで味わえる、肉寿司盛り合わせ2100円

《おすすめメニュー》

和牛ハンバーグランチ	1350円
和牛ローストビーフ丼	1480円
牛すじカレーランチ	1150円

カウンターや半個室があり、会食にも利用しやすい

ぶたしゃぶ・そば つきや

豚しゃぶ・蕎麦 月や

つゆが豚肉のうま味を引き立てる

蕎麦ツユで味わう、やまと豚のしゃぶしゃぶが名物。鮮度抜群のやまと豚はきめ細やかでクセがなく、ゆず胡椒やネギをお好みで。肉のうま味を堪能した後に〆でいただく生蕎麦もまた絶品だ。

☎0279-88-5161 住草津町草津470-17 ⏰11時30分～13時45分LO、18時～20時30分LO(要予約) 休火曜 交草津温泉バスターミナルから徒歩13分 Pなし MAP折込表①B2

そばツユ仕立てやまと豚しゃぶしゃぶセット2500円は一番人気

《おすすめメニュー》

ペアAセット	3200円
やまと豚のバラチャーハン	900円
やまと豚の角煮	600円

店内はカジュアルな雰囲気

地産グルメのモーニングはこちら

朝ごはん午後ごはんYAMAIROでは、朝は焼鮭定食1600円や、トーストセット1350円などボリューム満点の朝食を味わえる。昼はランチメニューもある。☎0279-88-9320 MAP折込表①B2

いいやまてい
いいやま亭

草津温泉で唯一の釜飯屋さん

注文を受けてから厳選した米を草津の水で研ぎ、丁寧に炊き上げた釜飯を味わえる。赤城鶏を使った「地鶏釜めし」や、六合産マイタケを使った「まいたけ釜めし」など、約20種類の釜飯が揃う。

☎0279-82-1155 住草津町草津386-2 ⏰11時～釜めしが売り切れ次第閉店 休不定休 交草津温泉バスターミナルから徒歩7分 Pなし MAP折込表①B2

《おすすめメニュー》
あさり山菜釜めし 1078円
まいたけ釜めし 1320円
五目釜めし 1782円

花いんげん釜めし1375円は花いんげん豆と、栗を入れて炊き上げている。上品な甘さとホクホクとした食感がたまらない

地鶏など具だくさんの特上五目釜めし2750円

そばきち ゆばたけてん
そばきち 湯畑店

風味豊かなそばと季節の天ぷらを

石臼挽きそば粉「上州秋そば花一文」を使ったそばを味わえる。中之条町六合地区産のマイタケの天ぷらや、6種類のつけ汁から好みのツユを選べる「こね鉢盛りそば」もおすすめ。

☎0279-88-9980 住草津町草津108 ⏰11時～売り切れ次第終了 休不定休 交草津温泉バスターミナルから徒歩5分 Pなし MAP折込表①C2

《おすすめメニュー》
まいたけそば 1200円
こね鉢もり 650円
つけ汁 220円～

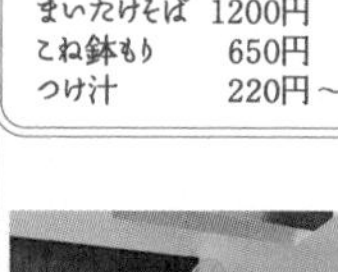

まいたけ天ざるそば1650円は肉厚なマイタケや山菜の天ぷら付き

2階にあり湯畑を望める

じょうしゅうじごなうどん まつもと
上州地粉うどん まつもと

弾力がありつけ汁との相性も◎

群馬県産の地粉「絹の華」を使ったひもかわうどん専門店。冷たいひもかわうどんはもっちりとした食感で、口の中に地粉の豊かな甘みが広がる。

☎0279-88-2678 住草津町草津486-5 ⏰11～16時（売り切れ次第終了）休不定休 交草津温泉バスターミナルから徒歩12分 Pなし MAP折込表①B2

《おすすめメニュー》
舞茸ミニ天丼セット 1100円
おっきりこみ 1100円
（10月中～5月上旬限定）

上州もち豚ひもかわうどん950円はもち豚入りのつけ汁で味わう

開店前から行列ができる人気のうどん店

幅広うどんと野菜を味噌仕立てのスープで煮込んだ「おっきりこみ」は群馬名物です。

散策途中、温泉街で見つけた居心地のよい個性派カフェ

湯畑周辺を散策すると、個性的なカフェに出会えます。
クラシックな喫茶室や足湯カフェで、ちょっとひと息いれましょう。

花豆抹茶パフェ800円（手前）
ほうじ茶ラテ690円（奥）
抹茶アイスに群馬県産の花豆や三色団子をトッピング

ゆばたけそうあん あしゆかふぇ

湯畑草菴 足湯カフェ

足湯でのんびりドリンクタイム

湯畑前という好立地にある素泊まり専門の宿「湯畑草菴」。1階はカフェになっていて、宿泊者以外でも利用が可能だ。足湯席や手湯席、テーブル席があり、温泉とともにドリンクやスイーツを楽しめる。

☎0279-89-1011（湯畑草菴）住草津町草津118-1（湯畑草菴1階）⏰10～21時LO 休不定休 交草津温泉バスターミナルから徒歩6分 Pなし MAP折込表①C2

上：湯畑源泉を引いた足湯。ドリンク類は足湯に浸かりながら飲むことができる
下：足湯を眺める落ち着いた雰囲気の店内

さぼうぐーてらいぜ

茶房ぐーてらいぜ

湯小屋を改装した風情あるカフェ

草津最古の宿と伝わる日新館の風呂場の建造物を使用し、カフェとしてリノベーション。天井には湯気抜きの天窓が見られ、湯小屋だった頃を偲ぶことができる。

☎0279-88-6888 住草津町草津368 ⏰9時30分～16時30分（～16時LO）休不定休（要問合せ）交草津温泉バスターミナルから徒歩5分 Pなし MAP折込表①C2

見上げると太い梁と湯気抜きの天窓が目に入る。湯畑からほど近い小さな喫茶店

抹茶のアフォガード600円
草津特産の花豆をのせたアイスに温かい抹茶をかけて

ブレンドコーヒー500円と一緒に味わいたい

美術館に併設された
アートなカフェ

草津片岡鶴太郎美術館に併設されたArt cafe kusatsuは湯川を眺めるとっておきのスポット。レトロな昭和プリン400円が人気。
☎0279-88-1011（草津片岡鶴太郎美術館）MAP 折込表①B2

ならや きっさこ
奈良屋 喫茶去

上質な素材を使った和風スイーツ

和風モダンな空間で、一杯ずつサイフォンで丁寧にいれるコーヒーや、老舗旅館が手がけるスイーツでほっとひと息。店内では女将がセレクトした食器やスキンケア商品も販売している。

☎0279-88-2311（奈良屋）住草津町草津396 ⏲10～18時（ショップは8時～）休不定休 交草津温泉バスターミナルから徒歩5分 Pなし MAP 折込表①C2

明治10年（1877）創業の老舗旅館「奈良屋」に併設するカフェ

コーヒーゼリー
アフォガード　820円
コーヒーゼリーとアイスに濃い茶をかけて味わう

ぱてぃすりーあんどれすとらん つきのい
パティスリー&レストラン 月乃井

石窯で焼き上げる自慢の洋菓子

1階のパティスリーに併設するカフェでは石窯で焼き上げるしっとりふわふわの洋菓子を味わえる。群馬県産の卵や牛乳、北海道産バターなど厳選素材を使い、乳脂肪分が違う純生クリームをケーキに合わせて使い分けている。

☎0279-89-8002 住草津町草津112-1 ⏲11時30分～20時（変動あり）休木曜 交草津温泉バスターミナルから徒歩5分 Pなし MAP 折込表①C2

コルネ　330円
コーヒー　605円
サクサクの生地に自家製カスタードクリームがたっぷり

月乃井スペシャル2354円

だんべえちゃや
だんべえ茶屋

自家製餡を使った甘味に舌鼓♪

店内には民芸家具や骨董品が飾られ、レトロで落ち着いた雰囲気。自家製の餡を使った田舎しるこや、あんみつなどやさしい味わいの甘味がおすすめだ。

☎0279-88-7515 住草津町草津486-2 ⏲10～21時（変動あり）休不定休 交草津温泉バスターミナルから徒歩12分 Pなし MAP 折込表①B2

豆かんてん　880円
シンプルな豆かんてん660円にアイスと餡をトッピングしている

串焼きなど居酒屋メニューも揃っている

奈良屋 喫茶去ではコーヒーを有田焼や黄金彩七宝紋カップなどこだわりの器でいただけます。

雑貨、温泉グッズ、スイーツ…草津でほめられみやげを探しましょ

草津の温泉街で見つけたかわいい&便利なアイテムたち。
温泉をたっぷり使ったスキンケア商品も見逃せません。

プラカゴ
2800円
テープを編んで作られたベトナム製のバッグ。カラーバリエーションも豊富で、水に強く草津の湯めぐりにも最適。❶

リサイクルポーチ
500円～
鶏や豚、魚などの飼料袋をリサイクルして作られたエコなポーチ。動物が描かれ、ポップな色彩とイラストがかわいい。❶

手ぬぐい
1本400円
昔ながらの木綿の手ぬぐい。温泉モチーフや、湯もみ娘、外湯めぐりの3種類。3種類セット1100円でも販売している。❷

草津温泉トートバッグ
2000円
懐かしい豆絞りをあしらったオリジナルデザイン。ナチュラルとブラックの2種類。底マチがあるので買物にも便利。❷

ぐんまちゃんだるま
1320円
高崎だるまの職人さんが作る逸品。だるまなのに耳やたてがみ、しっぽもある、かぶりものバージョンのぐんまちゃん。❸

ぐんまちゃん草津温泉Tシャツ
2200円
ぐんまちゃんも湯桶に入ってのんびり。S～XLの4サイズが揃うので、家族や友達とお揃いコーデを楽しめる。❸

❶ KAJIYA草津温泉（かじやくさつおんせん）

ベトナム、インド、台湾など世界各国のユニークでおしゃれなバッグや雑貨をセレクトしている。カラフルなバッグは浴衣との相性も抜群。

☎0279-88-2069 住草津町草津385 営9～17時(変動あり) 休不定休 交草津温泉バスターミナルから徒歩7分 Pなし MAP折込表①C2

❷ するがや（するがや）

草津温泉をモチーフにしたキャラクターグッズやアクセサリーなど幅広い品揃え。レトロなデザインのオリジナルグッズが好評。

☎0279-88-2217 住草津町草津507-1 営9時30分～15時30分(季節により変動あり) 休不定休 交草津温泉バスターミナルから徒歩9分 Pなし MAP折込表①B2

❸ みやろく土産店（みやろくみやげてん）

湯畑の玄関口にあり、ご当地キャラクターの「ゆもみちゃん」「ぐんまちゃん」のグッズをはじめ、食品、衣類、雑貨など群馬らしい商品が並ぶ。

☎0279-88-3322 住草津町草津41 営9～18時(変動あり) 休不定休 交草津温泉バスターミナルからすぐ Pなし MAP折込表①C3

草津名物の温泉まんじゅうならココで

本家ちちや 湯畑店では蒸したての温泉まんじゅう150円〜を販売し、散策途中に食べ歩きを楽しめる。栗餡とこし餡が入った二色餡(白)と、つぶ餡（茶）の2種類。☎0279-88-3636 MAP折込表①C2

源泉と天然成分でできた

必携の美容アイテム

お風呂用に

華ゆらローション
120mℓ1500円

草津温泉源泉を使用し、14種類の天然成分を配合した肌にやさしい化粧水。リラックス効果のあるローズマリーの香り。❹

華ゆらゲルクリーム
2000円

草津温泉源泉の成分でツヤのあるもち肌に。草津温泉の女将の集まり「湯の華会」によって開発されたゲルクリーム。❹

草津お風呂用のお酒
180mℓ330円

地元の酒造が作った、入浴剤として使う日本酒。華やかな香りと、日本酒の成分が肌に浸透して美肌効果が期待できる。❺

手指の先までしっとり潤う

ひと口サイズの新感覚ラスク

香ばしく上品な味わい

草津温泉ハンドクリーム
15g605円

草津温泉水入りのクリームで、しっとり潤いのある肌に。カボスの香りがさわやか。サイズが小さいので持ち運びにも便利だ。❺

草津ラスクベイクドカカオ
560円

ココアパンをひと口サイズにカットし、ココアパウダーをふりかけて焼き上げている。サクッとした食感とビターな味わい。❻

草津ラスクキャラメルアマンド
8枚入り560円

スライスアーモンドを贅沢に使い、キャラメルでコーティング。アーモンドが香ばしく、カリッとした食感が楽しい。❻

❹ 華ゆら本舗（はなゆらほんぽ）

草津温泉の女将の集まり「華ゆら会」によって商品開発されたコスメブランド「華ゆら」。草津温泉の源泉水を使用した商品を取り揃えている。

☎0279-88-5050（草津スカイランドホテル）住草津町草津530-3 ⏰8〜21時 休不定休 交草津温泉バスターミナルから徒歩10分 P30台 MAP折込表①C1

❺ 湯の香本舗（ゆのかほんぽ）

明治33年（1900）創業、湯畑の目の前に立つ老舗のみやげ物店。グッズや食品、地酒をはじめ、店のパティスリーで作るクッキーも好評だ。

☎0279-88-2155 住草津町草津110 ⏰8時30分〜21時（土曜、祝前日は〜21時30分）休無休 交草津温泉バスターミナルから徒歩4分 Pなし MAP折込表①C2

❻ グランデフューメ草津（ぐらんでふゅーめくさつ）

日本初上陸のイタリアンソフトジェラートとラスクの専門店。ラスクはギフトにおすすめ。ジェラート食べ放題（時間制）も人気。

☎0120-066-862 住草津町草津594-4 ⏰10〜17時（季節により変動あり）休不定休 交草津温泉バスターミナルから徒歩10分 Pなし MAP折込表①D2

湯畑のロケーションに溶け込む名湯を守り続ける老舗の湯宿

歴史と伝統を継ぎ、名湯を守り続ける名旅館。
温泉だけでなく、滋味豊かな料理や客室も魅力です。

やまもとかん
山本館

湯畑の隣に立ち、大正時代に建てられた木造3階建ての宿。客室も数寄屋造りで、10畳の和室や、和室にベッドルームを備えた客室も。地下には総檜造りの浴場があり、湯船には白旗源泉から引いたやや熱めの温泉が満ちている。

☎0279-88-3244 住草津町草津404 交草津温泉バスターミナルから徒歩5分（要連絡で送迎あり）P15台 ●全10室 ●内湯2／露天0／貸切0 MAP折込表①C2

入浴のポイント
時代を感じさせる浴室
古くから子宝を授かる湯ともいわれている。温泉はエメラルドグリーンがかった美しい色合いで、心身を癒やしてくれる。

国の登録有形文化財でもある大正ロマンあふれる宿

✣1泊2食付料金✣
平日2万1150円～
休前日2万3150円～
✣時間✣
IN15時　OUT10時

1 女湯には歴史を感じさせるアーチ型の窓が見られる 2 客室はすべて純和風で、窓の外に湯畑を眺望できる部屋もある 3 草津で唯一の文化財の宿

ならや
奈良屋

明治10年（1877）創業、草津を代表する老舗宿の一つ。草津最古といわれる白旗源泉を引き、ベテランの湯守りがその日の湯温と湯量を調節。やさしくなめらかな肌ざわりになるよう、丁寧に湯もみを行っている。

☎0279-88-2311 住草津町草津396 交草津温泉バスターミナルから徒歩6分（要連絡で送迎あり）P25台 ●全35室 ●内湯2／露天2／貸切3 MAP折込表①C2

熟練の湯守りが仕上げた最高の温泉を堪能

✣1泊2食付料金✣
平日2万7500円～
休前日3万800円～
✣時間✣
IN14時　OUT11時

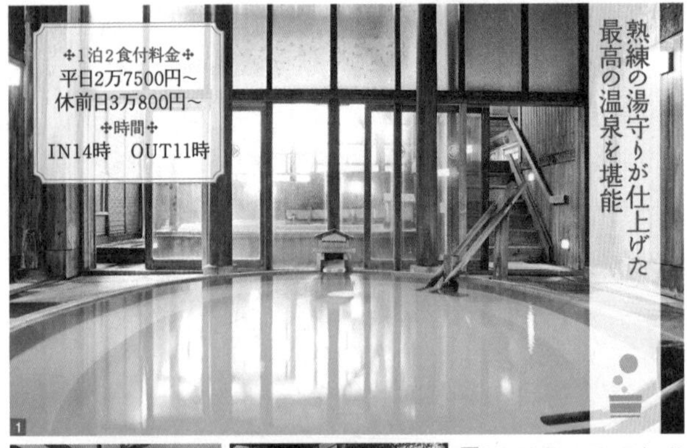

1 内風呂と露天風呂へ最高の状態に仕上げた温泉がはられている 2 泉游亭の客室「つつじ」はベッドルームやリビングを備える贅沢な空間 3 入口は西の河原通りに面している

入浴のポイント
大浴場「御汲み上げの湯」
木造の浴室に設けられたレトロな風情の円形浴槽。源泉は宿内の湯小屋で一度寝かせて温度を下げている。時間によって男女入替え制。

 源泉かけ流し 部屋食 エステあり 禁煙ルームあり 大浴場あり ひとり宿泊OK

湯畑を眼下に見下ろせるホテル一井

創業300余年。湯畑の目の前に立ち、湯畑ビューが楽しめる本館湯畑側の客室が人気。2021年に大浴場をリニューアルし、温度別の浴槽や、腰掛け湯を新設した。
☎0279-88-0011 MAP折込表①C2

もとゆ せんすいかん
元湯 泉水館

大正4年（1915）創業。敷地内に自家源泉をもち、檜造りの湯屋では貸切風呂が楽しめる。館内には飛騨の家具を配し、客室はツインベッドの和洋室と、ベッドルーム＋和室の2タイプ。宿主自らが作る料理にも定評あり。
☎0279-88-2216 住草津町草津478 交草津温泉バスターミナルから徒歩9分（要連絡で送迎あり）P4台 ●全4室 ●内湯0／露天0／貸切3 MAP折込表①B2

和風モダンな宿で自家源泉と旬菜料理を

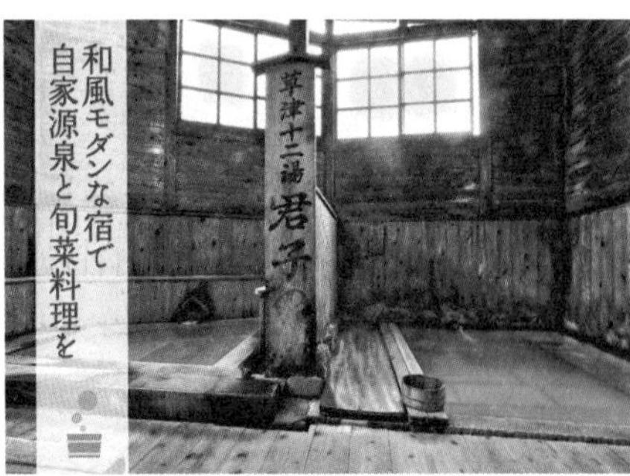

自家源泉が湯量豊富に注ぎ、乳白色の湯が肌にやさしい

✣1泊2食付料金✣
平日2万4350円〜
休前日2万8750円〜
✣時間✣
IN15時　OUT10時

入浴のポイント
内鍵のある湯処
檜造りの湯屋には内風呂と露天風呂など3つの湯船があり、すべて貸切で入浴できる。

おおさかやりょかん
大阪屋旅館

「せがい出し梁造り」という伝統の建築様式で、茶室やギャラリーを備える純和風の宿。大浴場には御影石の内風呂、檜造りの露天風呂があり、山肌をくり抜いて作った洞窟風呂は貸切で利用できる。
☎0279-88-2411 住草津町草津356 交草津温泉バスターミナルから徒歩7分（要連絡で送迎あり）P30台 ●全31室 ●内湯2／露天2／貸切1 MAP折込表①C2

伝統を再現した和風情緒あふれる空間

内風呂で極上の湯を堪能。窓の外には露天風呂がある

✣1泊2食付料金✣
平日1万8360円〜
休前日2万1600円〜
✣時間✣
IN14時　OUT10時

入浴のポイント
大浴場の内風呂
湯畑から徒歩1分の距離で、浴槽には湯畑から引いたフレッシュな湯が満ちている。

にっしんかん
日新館

300年以上前から「宿 湯本安兵衛」の名で営業し、多くの著名人に愛されてきた宿。館内随所に飾られた棟方志功や竹久夢二などの絵画や書が往時を物語っている。湯畑の湯を引いた温泉は日によって白く濁ることも。
☎0279-88-2013 住草津町草津368 交草津温泉バスターミナルから徒歩5分（要連絡で送迎あり）P11台 ●全11室 ●内湯2／露天2／貸切0 MAP折込表①C2

草津温泉を愛した多くの著名人が滞在

女性風呂には温度の異なる大小2つの浴槽がある

✣1泊2食付料金✣
平日1万5550円〜
休前日1万6650円〜
✣時間✣
IN13時　OUT10時

入浴のポイント
自然光が注ぐ女性風呂
湯畑の湯を引いた混ぜ物のない天然温泉は、幅広い症状に効能あり。宿泊客は24時間入浴できる。

レトロな雰囲気と快適さが調和した スタイリッシュなモダン宿

温泉を堪能した後はソファやベッドでくつろげる
洗練された宿で、非日常を味わいましょう。

あえるやど たかまつ

和える宿 高松

“和と洋を和える”というコンセプトのもと、全室バルコニー付き。客室にはシモンズ製ベッドを備え、露天風呂付きの部屋もある。朝食は手作り高原のパンなど、多彩な料理をハーフバイキング形式で。

☎0279-82-1591 住草津町草津290-14 交草津温泉バスターミナルから徒歩7分（到着時要連絡で送迎あり）P15台 ●全23室 ●内湯2／露天2／貸切0 MAP折込表①D2

1 広いルーフテラスと露天風呂が2つ付いた最高客室の「玲瓏」 2 スタンダードなモダン和室をはじめ、コネクティングルームや露天風呂付き客室も 3 大浴場では内湯、露天風呂ともに源泉かけ流し

入浴のポイント

岩盤浴でデトックスも

湯畑源泉を引いた大浴場には内風呂、露天風呂とサウナ、もう一方の大浴場には露天風呂と岩盤浴がある。時間で男女入れ替え制。

くさつほてるべっかん わたのゆ

草津ホテル別館 綿の湯

客室数10室というアットホームな宿。和洋室にはローベッドを配し、畳の間に卓袱台を置くなど和と洋が調和した空間に。館内にはラウンジや図書コーナー、町並みを見下ろす足湯を備え、好みのスタイルでくつろげる。

☎0279-88-8777 住草津町草津469-4 交草津温泉バスターミナルから徒歩6分 P10台 ●全10室 ●内湯2／露天0／貸切0 MAP折込表①B2

1 客室は和洋室と洋室の2タイプ。白を基調にしたナチュラルな雰囲気で統一されている 2 大浴場は内湯のみ。2種類の湯を比較したい 3 西の河原公園近く、湯川の散歩道沿いにある

入浴のポイント

泉質の違う2種類の温泉

大浴場には2つの浴槽があり、乳白色で柔らかい「綿の湯」と、高温で硬い湯の「万代鉱」という2種類の湯が楽しめる。

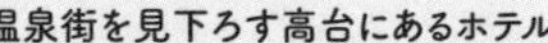

温泉街を見下ろす高台にあるホテル

グリム童話の世界観を演出した客室が魅力的なラビスタ草津ヒルズ。最上階に眺望浴場を備え、美しい景色を眺めながら入浴できる。すべての客室に露天風呂付き。

☎0279-88-5489 MAP折込表①D3

くさつおんせん けい

草津温泉 炯

すべての客室にリビングとベッドルームを備え、部屋によっては東屋付きの坪庭や隠れ書斎があるなど個性的なデザインが魅力。全7室のうち3室が露天風呂付きだ。食事はダイニング「恵」で創作日本料理を味わえる。

☎0279-82-1800 住草津町草津297 交草津温泉バスターミナルから徒歩5分 P7台 ●全7室 ●内湯0／露天0／貸切3 MAP折込表①C2

入浴のポイント

趣向を凝らした貸切風呂

館内には地蔵源泉を引く「HIKARI」、伝統の合わせ湯を楽しめる「AWASE」、唯一の露天風呂「RYOKU」の3つの貸切風呂を備える。

贅を尽くした料理と空間で非日常的な体験を

✣1泊2食付料金✣
平日4万9650円～
休前日5万5150円～
✣時間✣
IN15時 OUT11時

1「AWASE」では低温から高温へ温度の違う湯をめぐるという伝統の入浴法を楽しめる 2和モダンな客室「TAKASAGO」は万代鉱源泉の露天風呂付き 3旬の食材を取り入れた料理は一皿一皿が美しい

ゆやど ときのにわ(きょうりつりぞーと)

湯宿 季の庭(共立リゾート)

草津温泉の中心街から離れた閑静な場所にたたずむ宿。客室は和風情緒あふれるしつらえで、全室に客室露天風呂を備えている。大浴場には「綿の湯」「湯川の湯」の2つの源泉を引き、23種類の風呂で湯めぐりを楽しめる。

☎0279-89-9320 住草津町草津白根464-214 交草津温泉バスターミナルからシャトルバスで10分 P70台 ●全64室 ●内湯4／露天2／貸切3 MAP折込表①B3

全室に露天風呂付き大浴場で湯めぐり体験も

✣1泊2食付料金✣
平日3万1150円～
休前日3万7150円～
✣時間✣
IN15時 OUT11時

1客室露天風呂には「湯川の湯」が注ぎ、客室によっては湯船から周囲の景色を眺望できる 2大浴場「季の湯」の露天風呂は、野趣あふれる石造り 3夕食は食事処で月替わりの和会席を

入浴のポイント

23種類の風呂で湯めぐり

内風呂と露天風呂のほか、ベンチ型の岩盤浴、2種類のサウナや3種類の貸切露天風呂も無料で利用できる。

新しい旅のカタチを演出する こだわりステイの厳選宿

豊かなアイデアから生まれた、新しいスタイルの宿。
こだわりの空間や食に出会い、今までにない旅を実現できます。

湯畑を感じられる空間

客室は2階にありツインベッドや暖炉をしつらえている。室内のインテリアにも草津町の素材を多用している。

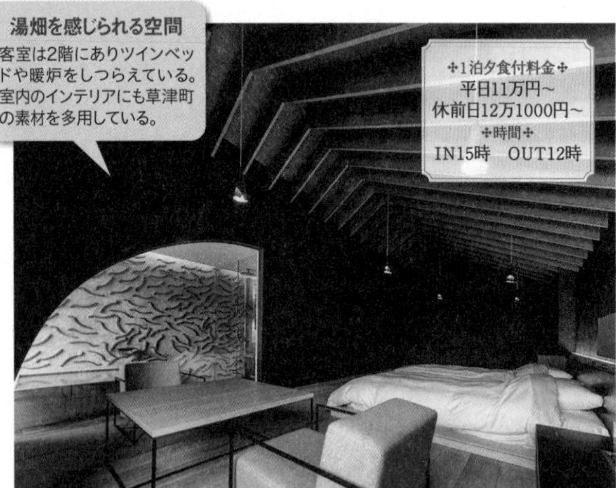

✣1泊夕食付料金✣
平日11万円～
休前日12万1000円～
✣時間✣
IN15時　OUT12時

くさつおんせんきむらや

草津温泉きむらや

1日1組限定の宿で 湯畑をひとりじめ

2022年3月に開業した1日1組の温泉宿。建築家・隈研吾氏の設計デザインで、コンセプトは「湯畑の立体化」。湯畑にころがる浅間石をそのまま用いたという外壁が目を引く。自然光が注ぐ浴室には、草津では6カ所しか引湯していない白旗源泉の湯がはられている。

☎0279-82-5920 住草津町草津117-1 交草津温泉バスターミナルから徒歩5分 Pなし ●全1室 ●内湯0／露天0／貸切1 MAP折込表①C2

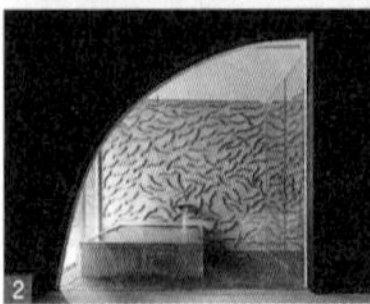

1 洞窟をイメージして造られたおこもり感のある客室。木材を多用し、木の香りが心地よい 2 ベッドルームと浴室はガラスで仕切られている 3 湯畑を一望できるとっておきの場所

オブジェのような宿。1階はレストランになっている

ゆかわてらす

湯川テラス

宿泊もできる レストラン&カフェ

1日2組限定の素泊まり宿。1階のレストランでは、おふくろの味「おきりこみ」や上州牛のひつまぶしなど、群馬の旬の食材を使った料理やカフェメニューを堪能したい。

☎0279-82-5911 住草津町草津375 交草津温泉バスターミナルから徒歩5分 Pなし ●全4室 ●内湯2／露天0／貸切0 MAP折込表①C2

半露天風呂付きの客室

入口には足湯があり、湯畑の源泉かけ流し。なめらかな湯で休憩しながらドリンクメニューを楽しめる。

✣1泊素泊まり料金✣
平日1万7600円～
休前日2万2600円～
✣時間✣
IN15時　OUT10時

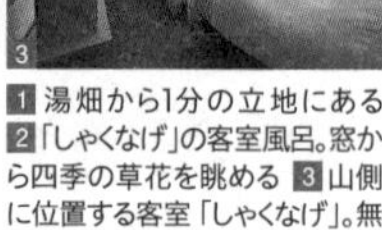

1 湯畑から1分の立地にある 2「しゃくなげ」の客室風呂。窓から四季の草花を眺める 3 山側に位置する客室「しゃくなげ」。無駄のないシンプルな美しさ

つつじてい
つつじ亭

素材を生かした懐石料理と四季折々の風情を楽しむ

約5000坪の敷地を有し、自然林に囲まれた宿。客室は二間続きの広々とした客室と、サンルームのある離れ家など全10部屋で、全室に源泉かけ流しの風呂が付いている。料理旅館としても名高く、旬の素材を吟味した懐石料理を目当てに訪れる宿泊者も多い。

☎0279-88-9321 住草津町草津639-1 交草津温泉バスターミナルから徒歩13分（要連絡で送迎あり）P20台 ●全10室 ●内湯2／露天2／貸切1 MAP折込表②B3

洗練された懐石料理
旬の食材を仕入れ、月替わりの料理を提供。間合いをもって運ばれるため、最高の状態で堪能できる。

✣1泊2食付料金✣
平日3万8650円～
休前日4万1950円～
✣時間✣
IN14時30分
OUT11時

1 季節を感じられる料理の数々 2 眺めのよい本館2階の客室。2023年4月に客室風呂などをリニューアル 3 貸切風呂の「玉の湯」

ほてる くあびお
ホテル クアビオ

食と温泉の力を実感するウェルネスリゾート

2000坪の敷地にわずか11室。健康と美容を意識したフレンチマクロビ料理と、温泉入浴による、デトックスとリラックスを目的とした宿。半露天風呂からは浅間山を一望でき、内風呂とフィンランドサウナも備えている。エステやネイチャーウォーキングなども人気。

☎0120-89-0932 住草津町草津226-63 交草津温泉バスターミナルから徒歩13分（要連絡で送迎あり）P15台 ●全11室 ●内湯2／露天0／貸切0 MAP折込表②A3

フレンチマクロビのディナー
草津周辺や契約農園で育てられた有機野菜や無農薬野菜を中心に、オーガニック食材を使用している。

✣1泊2食付料金✣
平日2万9200円～
休前日2万9200円～
✣時間✣
IN15時　OUT11時

1 身体にいいだけでなく、おいしくて美しい料理 2 半露天風呂には草津の万代鉱源泉を引いている 3 客室はすべて洋室。写真はスタンダードなツイン

ふぉーとりーとくさつ
フォートリート草津

自然の力で本来の自分を取り戻す

2023年4月にオープン。温泉半露天風呂付き客室や、洋室メゾネットルームなどバラエティ豊かな客室を備えている。また、館内随所に草木やハーブが飾られ、森の中にいるかのようなライブラリー＆ラウンジも居心地がいい。※小学生以下の子どもは利用不可。

☎0570-002-113 住草津町草津553 交草津温泉バスターミナルから徒歩15分 P30台 ●全14室 ●内湯2／露天2／貸切0 MAP折込表②B2

温泉半露天風呂付き客室
畳敷の和室にベッドを配し、和と洋が調和したインテリアでくつろげる。2階建ての洋室メゾネットはグループに最適。

✣1泊2食付料金✣
平日1万5750円～
休前日1万9500円～
✣時間✣
IN15時　OUT10時

1 半露天風呂付きの和室ツイン 2 料理は国産牛ステーキがメインで、ペアリングを楽しむ限定コースも 3 森のライブラリーにはグリーンが飾られている

ココにも行きたい

草津温泉のおすすめスポット

草津熱帯圏（くさつねったいけん）

トロピカルムードいっぱい

温泉熱を利用した動植物園。高さ15mの温室「ジャングルドーム」をはじめ、屋外にはニホンザル、ラマなどが飼育され、ドーム内ではカピバラやマーモセットなども展示。爬虫類の飼育展示数は国内トップクラスを誇る。DATA☎0279-88-3271 住草津町草津286 ¥入園1100円 ⏰8時30分～17時 休無休 交草津温泉バスターミナルから徒歩15分 P100台 MAP折込表②B3

光泉寺（こうせんじ）

日本温泉三大薬師の一つ

1300年の歴史があると伝わる古刹で、湯畑から長い階段を登ると本堂へと続いている。かつて奈良の高僧として有名な行基によって開基されたと伝わり、日本温泉三大薬師の一つとして知られている。境内には薬師如来を祭る本堂、釈迦堂などがある。DATA☎0279-88-2224 住草津町草津446 ¥⏰休参拝自由 交草津温泉バスターミナルから徒歩5分 P180台 MAP折込表①B2

草津片岡鶴太郎美術館（くさつかたおかつるたろうびじゅつかん）

ホテルに併設された美術館

エンターテイナーや俳優として、また画家としても活躍する片岡鶴太郎の美術館。水墨画や書など300点を収蔵し、うち150点を季節に合わせて展示する。併設のカフェではあんバタートーストなどを楽しめ、ミュージアムショップではオリジナルグッズも販売。DATA☎0279-88-1011 住草津町草津479 ¥入館600円 ⏰8～17時 休木曜 交草津温泉バスターミナルから徒歩15分 Pなし MAP折込表①B2

草津温泉らくご（くさつおんせんらくご）

草津の夜を盛り上げる

湯畑の近くにある熱乃湯で、毎日20時から開催される落語の公演。落語芸術協会の二ツ目が高座にあがり、落語を2題ほど披露する。上演時間は約40分。夕食後にふらりと立ち寄って落語を聞き、その後に温泉巡りを楽しむのもいい。DATA☎0279-88-5118 住草津町草津414 ¥入場1000円 ⏰20時開演（19時30分開場） 休無休 交草津温泉バスターミナルから徒歩5分 Pなし MAP折込表①C2

射的茶屋まつりや（しゃてきちゃやまつりや）

高得点で豪華景品をゲット

草津に残る2軒の射的場のうちの1軒。店内には提灯が下がり、夜店のムード満点。初心者には盛り上げ上手なスタッフが射的のコツなども教えてくれるので、高得点を狙って豪華景品をゲットしよう。DATA☎090-8803-0904 住草津町草津497-1 ¥1ゲーム10発500円 ⏰11～18時（土・日曜、祝日10～19時） 休不定休 交草津温泉バスターミナルから徒歩10分 Pなし MAP折込表①B2

草津フォレストステージ（くさつふぉれすとすてーじ）

森の冒険アクティビティー

高さ10m超えの丸太渡りやターザンスイング、100m級のジップスライダーなど全47のアトラクション。森を一望しながら、空中アスレチックに挑戦！DATA☎0279-82-5587（草津温泉 ホテルヴィレッジ） 住草津町草津618 ¥マスターステージ3850円（中学生以上） ⏰受付8時30分～ 休木曜（繁忙期は除く）、11月下旬～3月下旬（詳細はWEBで要確認） 交草津温泉バスターミナルから徒歩15分（無料送迎あり） P40台 MAP折込表②B3

天狗山プレイゾーン（てんぐやまぷれいぞーん）

高原アクティビティが満載

グリーンシーズンには高さ10mの巨大なブランコや、ジップライン、マウンテンカートなど多彩なアクティビティを楽しめる。DATA☎0279-88-8111（草津温泉スキー場） 住草津町白根国有林158 ¥アクティビティごとに異なる ⏰4月下旬～11月上旬の9～16時（冬期のスキー場は異なる） 休悪天候時（要確認） 交草津温泉バスターミナルから車で5分（繁忙期のみ無料送迎あり） P240台 MAP折込表②A3

ノイエポストダイニング（のいえぽすとだいにんぐ）

じっくり煮込んだカレーが人気

木の温もりあふれる店内には、10人ほどが座れる大テーブルがあり、グループでも利用可能。看板メニューは赤城牛を使ったプレミアムビーフカレー1550円。ビールやワインと合わせるのに最適なおつまみも500円～で提供している。DATA☎0279-88-1610 住草津町草津507極楽館2階 ⏰11～15時、16時30分～19時 休木曜 交草津温泉バスターミナルから徒歩10分 Pなし MAP折込表①B2

西洋料理どんぐり（せいようりょうりどんぐり）

街で愛される洋食屋さん

湯畑から離れた閑静な場所にある洋食店。2日間煮込んだこだわりのデミグラスソースがかかるどんぐり風ハンバーグ1200円が名物。ジューシーなハンバーグに野菜がたっぷり添えられている。ほかにもピザ、パスタ、ステーキなどメニューの種類豊富。DATA☎0279-88-7222 住草津町草津562-16 ⏰11時30分～14時30分 休水曜 交草津温泉バスターミナルから徒歩10分 P6台 MAP折込表①D1

柏香亭
はくこうてい

香り高い石臼挽きのそば

明治時代創業のそば処。店内の石臼で挽いたそば粉を使い、その日に提供する分だけを手打ちしている。まさに挽きたて、打ち立て、茹でたてのざるそば850円は、コシがあり風味豊か。まいたけの天ぷら650円もおすすめ。DATA ☎0279-88-2208 住草津町草津376 ⏰11時～そばが売り切れ次第終了（昼のみ営業）休水・木曜 交草津温泉バスターミナルから徒歩7分 Pなし MAP折込表①C2

ITALO
いたろ

自家製生チーズが絶品

パスタやピッツァ、魚・肉料理など本格的なイタリアンが味わえる。料理やデザートには県内産の牛乳から手作りした生チーズを使用し、特にトマトソース系の料理との相性は抜群！キノコと生チーズのトマトスパゲティーは1250円。DATA ☎0279-88-8340 住草津町草津7-1 ⏰11時30分～14時、17時30分～21時 休水曜、第2火曜 交草津温泉バスターミナルから徒歩8分 P4台 MAP折込表②A3

カフェキャトルフレール
かふぇきゃとるふれーる

ドリンクと一緒に手作りパンを

湯滝近くにあるカジュアルな雰囲気のカフェ。ドリンクのほか、約15種類の手作りパンを販売している。人気はハム&チーズ170円や、花豆入りあんぱん180円など。ハード系のパンは、香りもよく食べ応えがある。ブレンドコーヒー350円と一緒に味わいたい。DATA ☎0279-88-5252 住草津町草津372 ⏰9～18時 休火曜 交草津温泉バスターミナルから徒歩6分 Pなし MAP折込表①C2

草津ガラス蔵1号館
くさつがらすぐらいちごうかん

草津温泉をイメージした器

ガラス製品の専門店。草津温泉をイメージして創られた「草津温泉ガラス」のグラスは3300円。手作りで仕上げているためひとつひとつ色合いや形が異なり、みやげにも好評だ。店頭では専用の温泉で作られる、温泉たまご150円も販売している。DATA ☎0279-88-0030 住草津町草津483-1 ⏰9～18時（変動あり）休無休 交草津バスターミナルから徒歩13分 P10台（有料）MAP折込表①B2

ナカヨシ堂
なかよしどう

レトロでかわいいミルク商品

「湯畑草菴」の1階にあるミルク専門店。銭湯をコンセプトにしたレトロな空間には、ボーロやあひるクッキーなどのミルク菓子商品をはじめ、多彩な草津みやげがずらり。昔懐かしい牛乳瓶に入ったカラフルな「草津おいりぼーろ」550円は大人気。DATA ☎0279-82-1237 住草津町草津118-1 ⏰9時30分～18時30分 休無休 交草津温泉バスターミナルから徒歩6分 Pなし MAP折込表①C2

頼朝
よりとも

湯畑の前に立つ漬物店

国産の商品にこだわった漬物の専門店。ゴボウ、キュウリ、ラッキョなどを使った多彩な商品を販売している。たまりらっきょう650円やみそ漬ごぼう540円など、リーズナブルな価格でみやげにもぴったり。食べ歩きには温泉たまご1個140円、湯けむりこんにゃく2本300円などがおすすめ。DATA ☎0279-88-8146 住草津町草津116-2 ⏰9～21時（変動あり）休不定休 交草津温泉バスターミナルから徒歩5分 Pなし MAP折込表①C2

草津煎餅本舗
くさつせんべいほんぽ

昔ながらの素朴な菓子

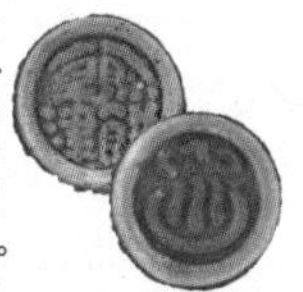

草津で昔から作られてきた草津煎餅を製造・販売している。素朴な味わいが人気で、ピーナッツ、ごま、くるみなど5種類が1枚80円～。ほかにもほんのり甘い道中餅や、旧六合村産の花豆を使った自家製花いんげん煮豆も好評。DATA ☎0279-88-3391 住草津町草津478 ⏰8～18時 休不定休 交草津温泉バスターミナルから徒歩13分 Pなし MAP折込表①B2

やきとり静
やきとりしずか

人気の焼鳥専門店

湯畑からすぐ近くの場所にある焼鳥のテイクアウト店。国産の鶏肉を炭火でじっくり焼き上げた焼鳥は、ねぎま2本380円、手羽先1串3個480円など、ボリューム満点。生ビールや焼酎など1杯550円のドリンクと一緒に味わおう。DATA ☎0279-88-2364 住草津町草津396 ⏰15時30分～20時30分（商品がなくなり次第終了）休水曜 交草津温泉バスターミナルから徒歩6分 Pなし MAP折込表①C2

国指定の天然記念物 チャツボミゴケ公園・穴地獄へ

日本国内でも希少なチャツボミゴケが見られる公園。DATA ☎0279-95-5111 住中之条町入山13-3 ¥入園600円 ⏰8時45分～15時30分（10・11月は～15時）休12月～4月下旬 交渋川伊香保ICから約1時間45分 P50台 MAP P106B3

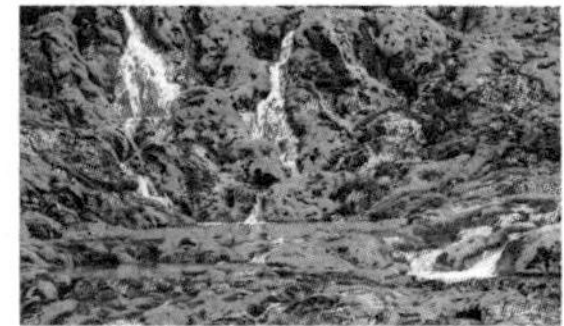

草津に点在する共同浴場で「もらい湯」の文化を体感する

地元の人々とのふれあいを楽しめるのが共同浴場の魅力。「もらい湯」の精神で、素朴な湯浴みを楽しみましょう。

観光客でも利用できる共同浴場は全部で3カ所

草津温泉には町民のための共同浴場が点在する。現在地元の人々によって管理されている共同浴場は全19カ所あり、そのうち「白旗の湯」「千代の湯」「地蔵の湯」の3カ所のみ、観光客が無料で入浴できる。

草津温泉内で最も大きな共同浴場の「白旗の湯」には2つの浴槽があり、近くで湧出する白旗源泉を楽しめる。湯畑の目の前にあるのでいつもたくさんの人で賑わっている。「千代の湯」は男女の浴室とは別に、草津伝統の伝統湯を体験できる浴室を備えている。また、地蔵源泉の目の前にある「地蔵の湯」は、草津のなかでも引湯しているのが4軒だけという貴重な温泉。湯船にはやや白濁した湯が注いでいる。

草津の温泉は高温なので、熱い湯が苦手な場合は湯を桶ですくい、少し冷ましてから体にかけて様子を見よう。かぶり湯をしたあとは足元からゆっくりなじませて入浴を。

マナーを守ってハシゴ湯を楽しもう

共同浴場は地元の方のご好意で無料で入浴できる施設。ありがたく湯を頂戴する「もらい湯」の精神で入浴し、浴室では騒がない、備品を持ち帰らないなど浴場やほかの入浴客に迷惑をかけないよう、マナーを守って利用したい。

共同浴場にはいずれも鍵付きロッカーはないので、貴重品は持ち込まないこと。また、草津の湯は強酸性のためシャンプーや石鹸は使用できず、必要なのはタオルや髪留めなど最低限の入浴グッズのみ。

効能あふれる湯で体がポカポカになった後は、十分な水分補給と休憩を。「千代の湯」の前や、奈良屋旅館の玄関横などに点在する水飲み場で喉を潤すのもよい。

共同浴場（きょうどうよくじょう）

DATA ☎0279-88-0800（草津温泉観光協会）

白旗の湯 住草津町草津417-1 交草津温泉バスターミナルから徒歩5分 ¥入浴無料 ⏰5～23時 休無休 MAP折込表① C2

千代の湯 住草津町草津364 交草津温泉バスターミナルから徒歩7分 ¥入浴無料 ⏰5～23時 休無休 MAP折込表① C2

地蔵の湯 住草津町草津304 交草津温泉バスターミナルから徒歩7分 ¥入浴無料 ⏰8～22時 休無休 MAP折込表① C2

八ッ場ダムへ行こう

草津からひと足のばして

調査着手から68年の歳月をかけて完成したダム

八ッ場(やんばだむ)ダムってこんなところ

首都圏を支える巨大な水がめで多彩なレジャーを満喫する

2020年に完成した高さ116m、長さ290.8mの重力式コンクリートダム。吾妻川の中流域に設置され、一帯は八ッ場あがつま湖とよばれるダム湖になっている。ダム湖周辺で楽しめるアクティビティーも要チェック！

☎0279-83-2560（八ッ場ダム管理支所）住長野原町川原畑1121-31 ¥無料 ◷9時30分～17時 休無休 交JR川原湯温泉駅から車で5分 P100台 MAP P106C4

ダム湖を周遊する水陸両用バスもおすすめ

❶多目的エレベーターも一般公開されている ❷みやげが揃うほかコーヒーなども楽しめるやんば茶屋

八ッ場バンジー

やんばばんじー

大迫力のバンジー体験

ダム湖に架かる八ッ場大橋から、約45m下の湖面でダイブするアクティビティー。湖の水位が低くなる、夏期限定の貴重な体験。

☎0278-72-8133（コールセンター）住長野原町川原湯八ッ場大橋 ¥1万3000円 ◷9～17時（開催日は要問合せ）休要問合せ 交JR川原湯温泉駅から車で5分 P10台 MAP P106C4

吾妻峡レールバイク A-Gattan!

あがつまきょうれーるばいくあがったん！

廃線を自転車型トロッコで出発！

自転車を漕ぎながら、吾妻峡や八ッ場ダム周辺の自然を満喫できる。

☎0279-26-9431（東吾妻町吾妻峡周辺地域振興センター）住東吾妻町松谷868-1 ¥渓谷コース1台片道3000円～ ◷休要確認 交JR川原湯温泉駅からJR吾妻線で7分、岩島駅下車、車で5分 P19台 MAP P106C4

川原湯温泉 あそびの基地NOA

かわらゆおんせんあそびのきちのあ

八ッ場ダムレジャーの拠点！

八ッ場あがつま湖に面したキャンプ場。手ぶらでキャンプやBBQが楽しめるほか、日帰り入浴施設も。

☎090-6942-1223（川原湯温泉駅キャンプ場）住長野原町川原湯223-5 ¥◷施設により異なる 休月曜（祝日の場合は営業）交JR川原湯温泉駅からすぐ P26台 MAP P106C4

ダム建設で水没した川原湯温泉は、新たな場所で温泉街が形成されています。

草津温泉からひと足のばして標高1800mに位置する万座温泉へ

草津白根山の南稜に源泉が湧き、古くから湯治場の歴史をもつ温泉地。
高原の散策やスキーなど四季を通じてアクティビティーも楽しめます。

まんざおんせん

万座温泉ってこんなところ

標高1800mに位置し、雄大な自然に抱かれた上信越高原国立公園内の高山温泉郷。7軒の宿が点在し、充実したリゾートステイを楽しめる。四季折々の絶景とスキーなどのアクティビティーも充実。温泉は1日に540万ℓという湧出量を誇る。

アクセス

バス：草津温泉バスターミナルから西武観光バス軽井沢駅行きでJR万座・鹿沢口駅まで約29分。万座・鹿沢口駅から万座バスターミナル行きに乗り換え、万座バスターミナルまで約43分※乗り換え待ち時間に注意

自動車：草津温泉街から国道292号、県道466号で万座温泉まで約19㎞（4月下旬～11月中旬）

広域MAP P106A3

問合せ 万座温泉観光協会
☎0279-97-4000

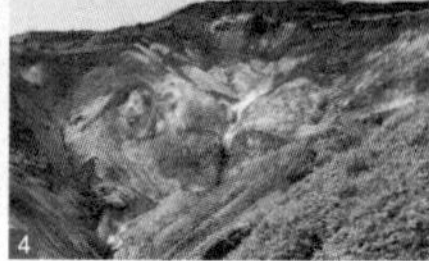

1 万座プリンスホテルの露天風呂「こまくさの湯」からは大パノラマが広がる 2 万座温泉最大の源泉。約80℃の温泉で豊富な湯量を誇る 3 牛池周辺では散策路を歩きながらたくさんの高山植物を見ることができる 4 万座を代表する景勝地として知られる「空吹」

これもチェック

本を読みながら休憩もできる万座温泉の情報発信基地

草津白根山の地形模型などを用いて、草津・万座地域周辺の動植物や自然散策路などを紹介している。暖炉を囲んでひと時を過ごせる休憩ライブラリーもある。

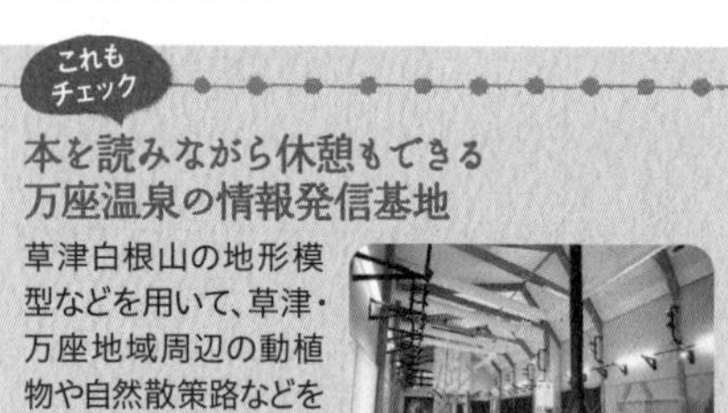

みどころを案内するインフォメーションカウンターもある

まんざしぜんじょうほうかん

万座しぜん情報館

☎0279-97-4000 住嬬恋村干俣2401 ¥入館無料 ⏰9～16時 休無休 交万座バスターミナルからすぐ P11台 MAP P42A1

まんざおんせん にっしんかん
万座温泉 日進館

源泉100%の硫黄泉やクマザサを浮かべた笹湯、打たせ湯など9種類の湯船があり、湯めぐりを楽しめる。なかでも「極楽湯」は見晴らし抜群の展望風呂。夕食は体にやさしい約40種類の料理が並ぶ和洋中のバイキングだ。

✣1泊2食付料金✣
平日8250円～
休前日1万410円～
✣時間✣
IN14時　OUT10時

☎0279-97-3131 住嬬恋村干俣2401 交万座バスターミナルから送迎あり P100台 ●全170室●内湯8／露天6／貸切1 MAP P42

絶景に浮かぶ名湯はまさに極楽の湯

雄大な山々や満天の星空を堪能できる極楽湯

まんざぷりんすほてる
万座プリンスホテル

露天風呂「こまくさの湯」からは温泉の蒸気が噴出する「空吹」を望む。また、姉妹館の万座高原ホテルの石庭露天風呂も無料で利用可能。館内にはブッフェレストランのほか、洋食と和食のレストランがある。

✣1泊2食付料金✣
平日1万2962円～
休前日1万4580円～
✣時間✣
IN15時　OUT11時

☎0279-97-1111 住嬬恋村万座温泉 交万座バスターミナルから送迎あり P190台 ●全227室 ●内湯2／露天6／貸切0 MAP P42

開放感抜群の露天風呂で四季の景観を堪能

「こまくさの湯」では乳白色の湯に浸かりながら絶景をまのあたりに

まんざほてるじゅらく
万座ホテルジュラク

露天風呂からは目の前を遮るものがなく、白煙を吹く噴気孔・空吹を望める。「上州もち豚」や嬬恋村産のブランドニジマス「ぎんひかり」など地素材を贅沢に使った夕食の自然派バイキングが好評。アルコールなどもすべて飲み放題。

✣1泊2食付料金✣
平日1万5000円～
休前日1万8000円～
✣時間✣
IN14時30分
OUT10時

☎0279-97-3535 住嬬恋村万座温泉 交万座バスターミナルから送迎車で5分（要連絡）P70台 ●全60室 ●内湯2／露天2／貸切0 MAP P42

景勝を一望する天空の露天風呂

絶景露天「雲海の湯」は源泉かけ流し

まんざてい
万座亭

リーズナブルな7.5畳の和室や機能的な和洋室、半露天風呂付きの特別室など多彩な客室タイプを備えている。入浴は丸太や木材を多用して造られたログ露天風呂、ヒバの木の香りが清々しい内湯、2カ所の貸切風呂で。

✣1泊2食付料金✣
平日1万3200円～
休前日2万8750円～
✣時間✣
IN15時　OUT10時

☎0279-97-3133 住嬬恋村万座温泉 交万座バスターミナルから徒歩30分（要予約で送迎あり）P60台 ●全41室 ●内湯2／露天2／貸切2 MAP P42

嬬恋の高原野菜を使った艶やかな夕食も自慢

晴れた日は朝日山を望める開放的なログ露天風呂

源泉かけ流し　部屋食　エステあり　禁煙ルームあり　大浴場あり　ひとり宿泊OK

文学の香り漂う 映える温泉街

『万葉集』にも記された歴史ある温泉地では、石段街を浴衣でそぞろ歩きがおすすめ。

ふっくら甘い寿屋の湯の花まんじゅう（☞P51）

これしよう!

日帰り入浴施設でも源泉を楽しめる

浴槽が2つに区切られた伊香保露天風呂（☞P61）では、黄金の湯に入浴できる。

これしよう!

伊香保ゆかりの画家 竹久夢二のスポットへ

竹久夢二伊香保記念館（☞P56）は、モダンな建物も一見の価値あり。

文人墨客に愛された歴史のある温泉街

伊香保温泉

いかほおんせん

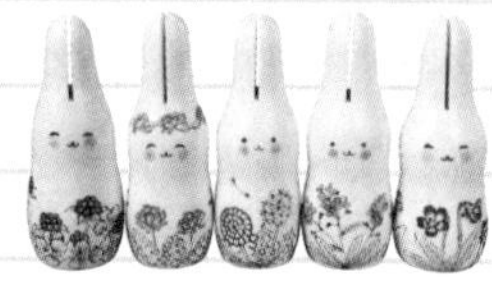

民芸 山白屋では手作り雑貨の花うさぎこけしを手に入れよう（☞P50）

こんなところ

下から見上げると、そのスケールに圧倒される365段の石段街。老舗の湯宿をはじめ、一帯にグルメやショップが立ち並び、昭和レトロな風情を今に残している。伊香保温泉には2種類の源泉が湧出しており、どちらの湯も楽しめる宿が点在。主要駅からアクセスしやすく多くの人で賑わう。

access

●伊香保温泉へ
JR渋川駅から関越交通バスで約25分、伊香保バスターミナル下車。または、JR高崎駅から群馬バスで約1時間20分、石段街口下車。

問合せ
☎0279-72-3151
渋川伊香保温泉観光協会
☎0279-22-2873
渋川市観光課
広域MAP P108B1

～伊香保温泉 はやわかりMAP～

観光のヒント
石段街を中心にのんびり歩こう

石段街の下から高台の伊香保神社までは365段の階段が続く。急な場所もあるので、ゆっくり進もう。通り沿いにはカフェやショップも点在している。

昭和レトロなプレイスポット

石段街には数軒の射的場がある。昔ながらの空間で、温泉街の遊びを体験できる。(☞P47)

ちょっとひと息♪ 屋外の休憩スペース

石段街の中間のポケットパーク。散策途中にぴったり。(☞P47)

階段下にある映えスポット

「IKAHO」のモニュメントは絶好の撮影スポット。

おすすめコースは

2時間

スタートは伊香保ロープウェイから。眺望を楽しんだ後は伊香保バスターミナルを経て石段街へ。観光の中心は石段街になるため、気になる店に立ち寄りながら、のんびり歩こう。

スタート 伊香保バスターミナル
▶ 徒歩1分
1 プレイ 伊香保ロープウェイ
▶ 徒歩7分
2 神社 伊香保神社
▶ 徒歩3分
3 買物 茶楼 千
▶ 徒歩1分
4 温泉 足湯 岸権辰の湯
▶ 徒歩すぐ
5 見学 石段街
▶ 徒歩4分
6 カフェ 茶房てまり
▶ 徒歩6分
ゴール 伊香保バスターミナル

歴史に彩られた情緒ある石段 伊香保のシンボルを歩いてみて

伊香保温泉とともに歴史を刻み、湯治客が往来する365段の石段街。
まんじゅう屋さんや遊技場が立ち並び、旅情をそそる風景が広がります。

黒みつきな粉680円(左)と伊香保クレープ抹茶アイスのせ850円

① CREAM

くりーむ

ベリー好きにはたまらない

石段街55段目にあるクレープとコーヒーの店。伊香保クレープには生クリームにストロベリー、ブルーベリー、ラズベリー3種類の甘酸っぱいソースがかかる。ハンドドリップのコーヒーと一緒に味わいたい。

☎なし 住渋川市伊香保町伊香保78 ⏰10～18時 休不定休 交バス停石段街口から徒歩2分 P公共駐車場利用 MAP折込表⑥B2

▶名物の玉こんにゃくは、ぷりっとした食感

② 石段玉こんにゃく よろづや 伊香保支店

いしだんたまこんにゃく よろづや いかほしてん

お好みでからしを付けて

石段街の小満口付近にあり、販売しているのは玉こんにゃくのみ。1本100円の玉こんにゃくは、だし醤油のシンプルな味付けが人気だ。群馬県はこんにゃく芋の日本一の生産地。郷土の味を楽しもう。

☎なし 住渋川市伊香保町伊香保78 ⏰9時30分～17時30分 休不定休 交バス停石段街口から徒歩3分 Pなし MAP折込表⑥B2

茶楼 千 ③

さろう せん

古民家風のレトロなカフェ

旅館をリノベーションしたレトロモダンなカフェ＆ダイニングバー。香りのよい伊香保石段珈琲440円や、ソフトクリームなどこだわりのメニューが揃う。石段街を眺める2階の座席もおすすめ。

☎0279-72-2275 住渋川市伊香保町伊香保12 ⏰10～17時 休不定休 交伊香保温泉バスターミナルから徒歩5分 Pなし MAP折込表⑥B3

▼びーどろクリームソーダ650円は暑い日にぴったり

▲人気の伊香保薫るソフトクリーム650円

▲午前中ならできたてが食べられる

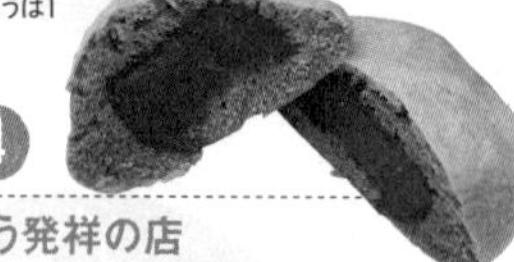

▶湯乃花まんじゅうは1個130円

勝月堂 ④

しょうげつどう

温泉まんじゅう発祥の店

明治43年（1910）に、初代当主が温泉の茶色い湯の花をイメージし、黒糖を使った茶褐色の皮の「湯乃花まんじゅう」を考案。これが温泉まんじゅうとして全国に広まったといわれている。

☎0279-72-2121 住渋川市伊香保町伊香保591-7 ⏰9～18時（売り切れ次第終了）休不定休 交伊香保温泉バスターミナルから徒歩10分 Pなし MAP折込表⑥B4

▼湯上がりには牛乳とコーヒー牛乳各130円を

昭和の面影を残す 温泉街のプレイスポット

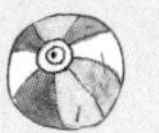

なつかし屋本舗は昭和レトロな体験ができる遊技場。昭和30年代のテレビやラジオのある空間で、射的（8発500円）や輪投げ（5回300円）などを楽しめる。
☎090-3243-3730 MAP折込表⑥B3

▲温泉は子宝の湯としても有名

伊香保温泉 石段の湯（いかほおんせん いしだんのゆ） ⑤

黄金の湯でリフレッシュ

石段の下を流れる、黄金の湯に入浴できる立ち寄り温泉施設。男女それぞれに御影石でできた内湯があり、黄金の湯がかけ流しされている。2階には無料の休憩室があり、飲食の持ち込みも可能だ。

☎0279-72-4526 住渋川市伊香保町伊香保36 ¥入浴410円 ⏰9～21時（11～3月は～20時30分。入場は30分前まで）休第2・4火曜（祝日の場合は翌日）交バス停石段街口から徒歩3分 P7台 MAP折込表⑥B2

▲拝殿の後ろからは周辺の山々を眺望できる

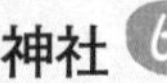

伊香保神社（いかほじんじゃ） ⑥

伊香保を見守る鎮守様

365段の石段を上った先に鎮座する神社。祭神は温泉と医療、商売繁盛の神である大己貴命（おおあなむちのみこと）と少彦名命（すくなびこなのみこと）で、伊香保温泉の守り神として崇敬されている。子宝にもご利益があるパワースポットとしても知られている。

☎0279-72-3151（渋川伊香保温泉観光協会）住渋川市伊香保町伊香保2 ¥⏰休参拝自由 交伊香保温泉バスターミナルから徒歩10分 P3台（参拝者用）MAP折込表⑥B4

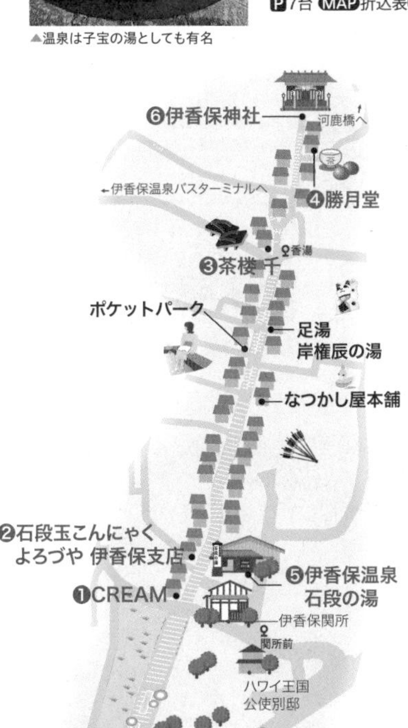

◀子授かりやえんむすびの絵馬を授与している

石段街のみどころをCHECK!

❶石段街を中腹まで上ると、階段側面に与謝野晶子の詩『伊香保の街』が刻まれている ❷石段街の中腹にあるポケットパークには、休憩用のベンチやテーブルがある ❸湯元から流れる源泉を分岐させる小満口があり、温泉が流れる様子を見ることができる

石段の中段ほどに老舗旅館・岸権旅館が無料で開放する足湯があります。

伊香保の温泉街に点在するこだわりのランチ&スイーツ

石段街で歩き疲れたときは、レストランやカフェでひと息いれましょう。職人技が光る名物メニューや、やさしい甘味でパワーチャージ♪

キーマカレーうどん(並) 1120円
+揚げ野菜トッピング 240円

牛豚合挽肉に20種類以上のスパイスを使用
※価格変更の予定あり

こちらも人気

マイルドな和風チキンカレーうどん(並) 980円
+鶏モモ&ゆで玉子トッピング
カツオだしの風味が利いた懐かしい味わい

かれーうどんせんもんてん ゆうきあん

カレーうどん専門店 游喜庵

老舗店がうどんの新しい食べ方を提案

水沢うどんの老舗である「大澤屋」が、うどんの新しいおいしさを知ってもらいたいとオープン。つややかでコシの強い自家製麺に合う、7種類のカレーうどんを提供している。豚バラ140円や海老天250円などをトッピングするのもいい。

☎070-1062-5886 住渋川市伊香保町伊香保544-130 🕒10時30分～16時30分 休水曜 交伊香保温泉バスターミナルから徒歩17分 P食の駅 伊香保店駐車場利用80台 MAP折込表⑤C1

店内はシックな雰囲気

てうちそば そばりょうりどころ いけや

手打ちそば そば料理処 いけや

赤城のそばも登場する風味豊かな絶品そば

赤城産の玄そばを石臼で挽き、手打ちした風味豊かなそばを味わえる。店主はそば打ち名人として知られる片倉康雄氏に師事。

☎0279-72-3193 住渋川市伊香保町伊香保378-1 🕒11～20時(中休みあり) 休木曜 交伊香保温泉バスターミナルから徒歩16分 P5台 MAP折込表⑤B1

テーブル席でくつろげる

三色天もり 1760円

更科、ゆず切り(季節替わり)、田舎そばの3種のそばに天ぷらが付く

こちらも人気

伊吹だんご 500円
餡をそばがきで包み、きな粉をまぶしている

伊香保焼 処々やで
名物グルメを
テイクアウト

伊香保焼6個500円が名物。数種類の粉をブレンドし、特製のだしと大ぶりのタコを加えて焼き上げる。外はカリッと中はとろとろ。ソフトクリームやあんみつも販売している。
☎0279-72-2156 MAP折込表⑥B4

たいしょうろまん くろふねや
大正浪漫 黒船屋

レトロな空間でオリジナルのパンケーキを

古民家を改装したシックでモダンなカフェレストラン。豆からこだわった自家焙煎コーヒーと一緒にスイーツを楽しめる。

☎0279-20-3962 住渋川市伊香保町伊香保20 ⏰11～15時(土・日曜、祝日は～16時) 休木曜、ほか不定休 交伊香保温泉バスターミナルから徒歩5分 Pなし MAP折込表⑥B3

レトロで居心地のよい空間

黒蜜ときな粉のパンケーキ 1200円
黒蜜ときな粉を合わせた和風テイストのパンケーキ

こちらも人気

石段珈琲4パック 600円
自家焙煎のコーヒーをパックでも販売。自宅でも楽しめる

クリーム白玉善哉(お茶付き) 770円
信楽焼の器に、つぶ餡とアイスクリーム。もちもちの白玉がたまらない

こちらも人気

手毬(ミニサイズ) 220円～
2階のみやげ店では店名の手毬をはじめ、民芸品や郷土玩具を販売している

さぼうてまり
茶房てまり

手作りの甘味を味わう幸せなひと時

店内にはジャズが流れ、ハンドドリップでいれたコーヒー440円でほっとひと息。ガトーショコラやチーズケーキなど手作りケーキも評判だ。

☎0279-72-2144 住渋川市伊香保町伊香保72-6 ⏰10時～17時30分(土・日曜、祝日、8月は～18時) 休水曜 交伊香保温泉バスターミナルから徒歩6分 Pなし MAP折込表⑥B2

ノスタルジックな雰囲気

ちゃやたまき
茶屋たまき

手作りの甘味は地元素材にこだわりあり

「お宿 玉樹」の甘味処。自家農園で栽培したりんごを用いたりんごジェラート550円や、お汁粉660円が楽しめる。みやげには石段手焼きあがり餅を。

☎0279-25-8595 住渋川市伊香保町伊香保100-1 ⏰9～17時 休火曜(祝日の場合は翌日) 交伊香保温泉バスターミナルから徒歩10分 P8台 MAP折込表⑥C1

窓際にはカウンターも

お汁粉セット 660円
大納言を使ったお汁粉には餅とあられが入っている。昆布とほうじ茶付き

こちらも人気

抹茶アフォガード 770円
抹茶アイスに群馬県の特産花豆と白玉に自家製餡がのり、温かい抹茶をかけて味わう

大正浪漫 黒船屋ではあつあつの石焼カレーもおすすめです。

グルメ、雑貨、温泉グッズ…伊香保でみつけた逸品みやげ

温泉街の散策の途中にレトロでかわいい品々を見つけました。
てぬぐいや、湯の花まんじゅうはお配りみやげにぴったりです。

伊香保しっとりミスト
1320円

黄金の湯100%で作られた、完全無添加のスプレー式化粧水。肌表面をやわらかくし、ハリやツヤを与えてくれる❶

花うさぎこけし
各2300円～

山白屋オリジナルのウサギ型のこけし。ひとつひとつ異なる花や表情が描かれているので、並べて置くとかわいさが増す❶

しっとり泡立てネット
330円

群馬県産の絹を使用した泡だてネット。洗顔時に使えばクリーミーな泡立ちに。源泉入り石鹸と一緒に使いたい❶

オリジナル注染手拭い
各1100円

温泉手ぬぐい文化発祥の伊香保ならではのアイテム。バリエーション豊かな手ぬぐいが揃い、昭和レトロな柄が人気❶

創作こけしぐんまちゃん
各3500円

渋川市は創作こけしの生産地。「黄金の湯」と「白銀の湯」の2種類があり、温泉に浸かったぐんまちゃんがかわいい❶

手作りの手鏡
2000円～

職人が丹精込めて彫り、湯花で染色を施した一点ものの手鏡。小さいサイズなのでバッグの中に携帯するのもいい❷

❶ 民芸 山白屋（みんげい やましろや）

若女将4人が結成した「伊香保おかめ堂本舗」の一人でもあるオーナーが商品をセレクト。うさぎをモチーフにしたオリジナルのみやげも。

☎0279-72-2242 住渋川市伊香保町伊香保12 L10～18時 休不定休 交伊香保温泉バスターミナルから徒歩5分 Pなし
MAP折込表⑥B4

❷ 吉野屋物産店（よしのやぶっさんてん）

明治22年（1889）創業の下駄専門店。店内には下駄がずらりと並び、なかには九州杉やネズコを使った下駄など、個性的なアイテムもある。

☎0279-72-2052 住渋川市伊香保町伊香保9 L9～18時 休不定休 交伊香保温泉バスターミナルから徒歩7分 Pなし
MAP折込表⑥B4

❸ 和の店 小路（わのみせ こみち）

着物をリメイクしたハンドメイドの服や小物などを販売している。ポーチやシュシュなど、レトロ柄の雑貨は浴衣に合わせやすい。

☎0279-26-7234 住渋川市伊香保町伊香保76-5 L10～17時 休不定休 交伊香保温泉バスターミナルから徒歩6分 Pなし
MAP折込表⑥B2

BRAE-BURNは群馬県産の高品質な素材にこだわるアップルパイと焼き菓子の店。アップルパイバタークランブル450円など1ピースから購入できる。☎0279-30-5888 MAP折込表④C2

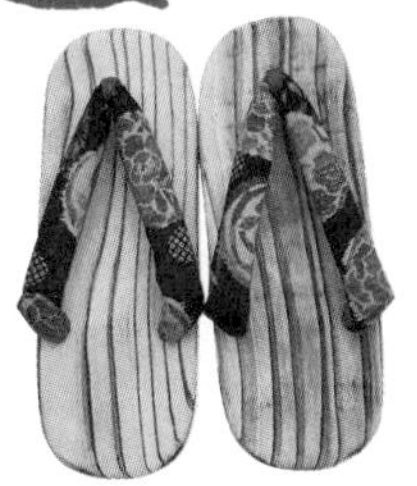

伊香保下駄
各3500円～

杉の木を使った下駄に、200種類以上の鼻緒から好みのものを選び、足に合わせてすげてもらえる。履き心地もいい②

はんぷポシェット
2000円

財布やスマートフォンだけでちょい歩きを楽しみたい時の便利グッズ。個性的なデザインもポイント③

帯地バッグインバッグ
各850円

旅の荷物を用途に合わせて小分けにできる。和のテイストで大きなバッグに入れていても目立つのがいい③

湯の花まんじゅう
1個100円

皮も餡も昔ながらの手作りにこだわっている。甘さ控えめな素朴な味わいが特徴で、早朝から買いに訪れるファンも多い④

湯の花まんじゅう
1個110円

黒砂糖風味の薄皮で北海道産小豆の餡を包んでいる。餡にはザラメを使用。湯の花まんじゅうはこし餡とつぶ餡の2種類⑤

群馬の地酒呑みくらべセット
180mℓ3本1378円

伊香保周辺の蔵元で造られている有名な地酒のセット。谷川岳、船尾瀧、赤城山の3銘柄を飲み比べできる⑥

④ 大黒屋本店（だいこくやほんてん）

昭和初期から続く老舗店。黒糖を使った皮の中にはきめ細やかなこし餡が包まれている。自慢の餡は石段街にあるカフェでも使われている。☎0279-72-2112 住渋川市伊香保町伊香保59 ◷7時～午前中（売り切れ次第終了）休不定休 交伊香保温泉バスターミナルから徒歩5分 Pなし MAP折込表⑥C3

⑤ 寿屋（ことぶきや）

創業当時の製法や味を守り続ける和菓子店。北海道産の豆を使い、菓子に使われるこし餡、つぶ餡、虎豆餡の3種類を自家製造している。

☎0279-72-2513 住渋川市伊香保町伊香保557-7 ◷9～18時 休不定休 交伊香保温泉バスターミナルからすぐ P1台 MAP折込表⑤B1

⑥ 伊草商店（いぐさしょうてん）

4代目の夫婦が営む老舗店。地酒、近県銘酒を中心にアルコール飲料を取り揃えている。テラスも併設し、わんちゃんの来店もOK。☎0279-72-2178 住渋川市伊香保町伊香保544-74 ◷9～20時（短縮の可能性あり）休火曜 交伊香保温泉バスターミナルから徒歩12分 P6台 MAP折込表⑤C1

趣向を凝らした露天風呂が自慢の リピーターに愛される老舗旅館

万葉の時代より湧出する「黄金の湯」は、8軒の宿へ引かれています。
著名人にも愛された湯宿を訪れ、あふれる源泉を満喫しましょう。

いちばんゆのやど ほてるこぐれ

一番湯の宿 ホテル木暮

伊香保を代表する源泉、黄金の湯の4分の1（毎分約1000ℓ）にあたる豊富な湯を引いている。敷地面積1300坪という広大な大浴場では20種類以上の湯船で湯浴みを堪能できる。夕食は旬の素材をふんだんに取り入れた創作和会席。

☎0279-72-2701 住渋川市伊香保町伊香保135 交伊香保温泉バスターミナルから徒歩5分（要連絡で送迎あり）P300台 ●全111室 ●内湯2／露天2／貸切3
MAP折込表⑤B1

入浴のポイント

庭園露天風呂

庭園露天風呂には趣向を凝らした5種類の風呂がある。木々や大小の岩に囲まれた風呂は野趣にあふれ、非日常感たっぷり。

✤1泊2食付料金✤
平日2万3250円～
休前日3万950円～
✤時間✤
IN15時　OUT10時

1 湯船の中央から噴水のように湯が注ぐ露天館の湯 2 落ち着いた雰囲気の露天風呂付き客室「山水亭」。和室や和洋室など多彩な客室タイプを備える 3 夕食は上州牛や活アワビを味わえるプランもある

ちぎらじんせんてい

千明仁泉亭

室町時代の連歌師、宗祇が病を治すために訪れた年を創業年とする、伊香保温泉屈指の老舗。明治時代には文豪の徳冨蘆花が定宿としていたことでも知られる。黄金の湯の約3分の1を引き、その量は伊香保で最大。

☎0279-72-3355 住渋川市伊香保町伊香保45 交伊香保温泉バスターミナルから徒歩7分（要連絡で送迎あり）P100台 ●全34室 ●内湯2／露天1／貸切4
MAP折込表⑥B3

入浴のポイント

豊富な湯浴み処

男女別の大浴場と、男女別の内湯付き露天風呂、4つの貸切風呂があり、すべて加水や循環をいっさいしない源泉100％かけ流し。

✤1泊2食付料金✤
平日1万9950円～
休前日2万4350円～
✤時間✤
IN15時　OUT10時

1 女性用露天風呂は開放感があり、小野子山をはじめ上州の山々を見渡せる 2 別館の「鶴の居」は、源泉かけ流しの半露天風呂付き客室 3 夕食のメインは上州牛または赤城牛のすき焼き

露天風呂付き客室のある
旅館さくらい

和歌になぞらえて造った風情ある露天風呂付き客室が4室あり、琉球畳を敷いた和風モダンな部屋でくつろげる。

☎0279-72-2575 MAP折込表⑤B1

きしごんりょかん
岸権旅館

安土桃山時代に創業の老舗宿。源泉かけ流しの黄金の湯が、展望風呂や大浴場、貸切風呂などに注いでいる。客室は8タイプからなり、高台にあるため景色がよく、赤城・榛名側の部屋は特に人気がある。

☎0279-72-3105 住渋川市伊香保町伊香保48 交伊香保温泉バスターミナルから徒歩10分（要連絡で送迎あり）P150台 ●全70室 ●内湯4／露天4／貸切4
MAP折込表⑥B3

入浴のポイント
13種類の湯船
大浴場、露天風呂、貸切風呂、足湯など13ヵ所の風呂を楽しめる。黄金の湯の本線から近いことから、フレッシュな状態で湯船に注がれる。

群馬の山々を眺めながら黄金の湯にゆったり浸かる

✣1泊2食付料金✣
平日1万6500円～
休前日2万3100円～
✣時間✣
IN15時　OUT10時

1 明治14年（1881年）に描かれた錦絵を再現した総檜造りの「権左衛門の湯」 2 半露天風呂が付くきしごんスイート「杜若」 3 やまざと膳プランは、赤城牛またはアワビを目の前で焼き上げる

うじょうのゆ もりあきりょかん
雨情の湯 森秋旅館

童謡『赤い靴』などを作詞した、詩人の野口雨情がたびたび訪れた宿。開放的な露天風呂と、石を積み上げた内湯、貸切風呂に黄金の湯を引いている。2023年3月にリニューアルし、眺望温泉付きの特別和洋室が完成した。

☎0279-72-2601 住渋川市伊香保町伊香保60 交伊香保温泉バスターミナルから徒歩3分（要連絡で送迎あり）P150台 ●全80室 ●内湯1／露天2／貸切1
MAP折込表⑥C2

心尽くしのもてなしも魅力
野口雨情ゆかりの宿

✣1泊2食付料金✣
平日1万3350円～
休前日1万8850円～
✣時間✣
IN15時　OUT10時

1 黄金の湯がかけ流しされている「雨情の湯」。露天風呂は2つあり時間によって男女入れ替え制 2 露天風呂付き客室は1泊2食付3万3000円～ 3 ロビーには野口雨情ゆかりの品が展示されている

入浴のポイント
独特の趣がある浴場
大浴場とは別の場所に2つの露天風呂がある。露天風呂「雨情の湯」は宿自慢の風呂で、季節ごとに彩りを変える山々を眺めながら入浴できる。

雨情の湯 森秋旅館には車椅子で滞在できる温泉付きバリアフリー客室もあります。

黄金と白銀の2つの源泉を引湯した充実の湯宿でほっこり温泉三昧

伊香保に古くから湧出する黄金の湯と新しく湧出する白銀の湯。
数ある湯宿のなかでも、2つの源泉を引湯しているのは数軒のみです。

ほてるてんぼう

ホテル天坊

大浴場「天晴」には、陶器の湯船や階段状の露天風呂など多彩な風呂が揃う。本館地下には天然記念物の通称・三波石を使った岩風呂もあり、温泉三昧で過ごせる。客室は露天風呂付きや大正モダン風など20タイプ。

☎0279-72-4489 住渋川市伊香保町伊香保396-20 交伊香保温泉バスターミナルから徒歩12分 P450台 ●全183室 ●内湯2／露天2／貸切5 MAP折込表⑤C1

入浴のポイント

大浴場「天晴」

内風呂だけでも「黄金の湯」と「白銀の湯」があり、2種類の源泉の違いを感じられる。湯上がり処やエステも完備している。

1000坪の広大な大浴場 天然温泉で湯浴み三昧

1泊2食付き料金
平日1万3800円～
休前日1万6650円～
時間
IN15時　OUT11時

1「黄金の湯」にはやや熱めの湯がかけ流しになっている 2 岩風呂の「白銀の湯」3 時間を気にせず湯浴みできる露天風呂付き客室。2023年にリニューアルしたプレミアムルームも人気

ふくいち

福一

創業400年以上の老舗。温泉街随一の眺望を誇り、どの客室からも周囲の山々を見渡すことができる。大浴場では黄金の湯と白銀の湯の湯船でリフレッシュ。黄金の湯の湯船や、マイナスイオン風呂を備える貸切風呂もある。

☎0279-20-3000 住渋川市伊香保町伊香保8 交伊香保温泉バスターミナルから徒歩6分（要連絡で送迎あり）P300台 ●全83室 ●内湯2／露天2／貸切3 MAP折込表⑥A4

石段街の最上部に立つ 抜群のロケーション

1泊2食付き料金
平日2万4750円～
休前日2万8050円～
時間
IN15時　OUT11時

1 2つの大浴場は男女入替制。サウナやアメニティも充実している 2 大きな窓がとられた大浴場の内風呂 3 12.5畳に広縁が付く標準客室。山々や石段街を眺望できる部屋もある

入浴のポイント

眺めのよい露天風呂

目の前に緑の木々が生い茂る大浴場の露天風呂。屋根があるから雨の日も入浴でき、吹き抜ける風が心地よい。湯船には黄金の湯が注ぐ。

源泉かけ流し　部屋食　エステあり　禁煙ルームあり　大浴場あり　ひとり宿泊OK

伊香保温泉に湧出する黄金の湯、白銀の湯

伊香保には室町時代の開湯以来の「黄金の湯」と、平成8年（1996）に掘削された「白銀の湯」の2種類の源泉が湧く。泉質も効能も違うので、2つの湯船で香や肌ざわりなどを比べてみたい。

ほてるまつもとろう
ホテル松本楼

手作り離乳食や刻み料理の対応、館内のバリアフリー化など、誰もがくつろげるサービスを掲げる。「ぐんま地産地消推進店」に認定され、上州牛や高級ニジマス「ギンヒカリ」など地元の味覚を堪能できる。

☎0279-72-3306 住渋川市伊香保町伊香保164 交伊香保温泉バスターミナルから徒歩11分 P50台 ●全51室 ●内湯2／露天2／貸切2 MAP折込表⑤B1

純金の小判が床に埋め込まれた内風呂の「大黒の湯」

✣1泊2食付き料金✣
平日1万7150円～
休前日2万2150円～
✣時間✣
IN15時　OUT10時

2つの大浴場
8階にある展望風呂は雄大な山並みを望める。純金小判が埋め込まれた内風呂も併設。

豊かな自然に囲まれた
湯と食にこだわる宿

湯面に緑の木々を映す情緒たっぷりの玉伊吹の湯

✣1泊2食付き料金✣
平日1万9950円～
休前日2万4350円～
✣時間✣
IN15時　OUT10時

入浴のポイント

大浴場
「玉伊吹の湯」は檜造りの浴場。露天風呂で黄金の湯、内湯で白銀の湯を楽しめる。

おやど たまき
お宿 玉樹

2つの源泉を引く「榛栗の湯」と「玉伊吹の湯」は男女入替制。客室は情緒ある和室から洋室、露天風呂付き、新館「樹亭」の客室まで多彩に揃う。全館畳敷き。

☎0279-72-2232 住渋川市伊香保町伊香保87-2 交伊香保温泉バスターミナルから徒歩5分（要連絡で送迎あり）P50台 ●全26室 ●内湯2／露天2／貸切2 MAP折込表⑥C1

じょしんのさと ひびきの
如心の里 ひびき野

約1万5000坪の敷地を誇る。客室は二間続きの和室や和モダンベッドルームなど4タイプの本館と、露天風呂付き離れが3棟。2023年夏にキャンプ場とサウナがオープン予定。

☎0279-72-7022 住渋川市伊香保町伊香保403-125 交JR渋川駅から関越交通バス伊香保温泉行きで20分、見晴下下車、徒歩10分 P150台 ●全62室 ●内湯1／露天1／貸切2 MAP折込表⑤C1

木々に囲まれた露天風呂には黄金の湯が注ぐ

✣1泊2食付き料金✣
平日1万5550円～
休前日1万8850円～
✣時間✣
IN15時　OUT10時

御影石の露天風呂
自然林に囲まれた露天風呂には黄金の湯、広々とした内湯には白銀の湯が注ぐ。

如心の里 ひびき野のサウナでは1時間に1回ロウリュウサウナタイムがあります。

へその街・渋川に集結した芸術の散歩道「アルテナード」へ

アルテナードとは渋川市内に点在する観光施設を結ぶ県道の愛称。周遊チケットを利用して個性的なアートの世界を体感しよう。

1 原美術館ARC

はらびじゅつかんあーく

国内外の現代美術を常設展示

緑豊かな敷地に立つミュージアム。ピラミット型の屋根をもつ建物が印象的で、3つの展示室のほか書院造りをモチーフにした特別展示室を完備。カフェやショップもある。

☎0279-24-6585 住渋川市金井2855-1 ¥入館1800円(伊香保グリーン牧場とのセット券3000円) ◷9時30分～16時30分(入館は～16時) 休木曜(祝日の場合は開館、8月は無休)、1月1日、1月中旬～3月中旬、展示替え期間 交バス停グリーン牧場前から徒歩7分 P50台 MAP折込表④B1

ケーキもアート♪

1 屋外に展示されたジャン=ミシェル・オトニエル「Kokoro」。高さ3mの映えスポット 2 世界的な建築家・磯崎新の設計した建物 3 カフェでは展示に合わせて内容が替わるイメージケーキがおすすめ 4 多彩なグッズが揃うミュージアムショップ

蔵造りの本館「大正ロマン館」では、雑誌の挿絵なども展示している

ポストカード1枚150円などグッズも多彩

2 竹久夢二伊香保記念館

たけひさゆめじいかほきねんかん

伊香保ゆかりの夢二の作品が並ぶ

美人画でその名を知られる竹久夢二の記念館。大正8年(1919)以降、たびたび伊香保を訪れた夢二の絵画や商業デザインなどを展示している。

☎0279-72-4788 住渋川市伊香保町伊香保544-119 ¥入館1800円～ ◷9～18時(12～2月は～17時　変動あり) 休無休 交バス停見晴下からすぐ P100台 MAP折込表⑤C1

渋川スカイランドパークでアクティブに遊ぼう

観覧車を中心に、コースターやメリーゴーランドなどを備えた遊園地。小さい子連れでも楽しめるアトラクションも充実しており、ファミリーに好評。☎0279-20-1589 MAP折込表④C1

③ 徳冨蘆花記念文学館
とくとみろかきねんぶんがくかん

伊香保を愛した作家の記念館

小説『不如帰』を執筆した徳冨蘆花に関する資料などを収蔵。敷地内には展示館と記念館が立ち、常設展のほかさまざまな企画展も行われている。

☎0279-72-2237 住渋川市伊香保町伊香保614-8 ¥入館350円 ◷8時30分～17時（入館は～16時30分）休12月25～29日＊臨時休館あり 交伊香保温泉バスターミナルから徒歩10分 P70台 MAP折込表⑥A1

1

2

3

伊香保の旅館を復元した

1 文学館では多彩な企画展や茶会なども開催されている 2 展示館では初版本や写真などを常設展示 3 記念館は旅館の離れを復元した建物

④ 群馬ガラス工芸美術館
ぐんまがらすこうげいびじゅつかん

榛名の森にたたずむミュージアム

19世紀末からのアール・ヌーヴォー期を代表する、ガレやドーム兄弟などの作品を中心に展示している。各種体験教室700円～やミュージアムショップもおすすめ。

☎0279-20-1101 住渋川市渋川4204 ¥入館1100円 ◷9時30分～16時（土・日曜、祝日は～16時30分）休水曜、ほか不定休 交バス停六本松からすぐ P100台 MAP折込表④C1

1

2

1 家具作家ルイ・マジョレルの書斎を移築した展示スペース 2 クリスタル商品などを扱うミュージアムショップも併設

⑤ 日本シャンソン館
にほんしゃんそんかん

シャンソンの魅力にふれる

シャンソン歌手の芦野宏氏によって設立された唯一無二のミュージアム。シャンソンのレコードジャケットやステージ衣装など、貴重な品々が展示されている。四季折々の花々に囲まれた庭園「ル・ジャルダン」では、撮影会なども行われている。

☎0279-24-8686 住渋川市渋川1277-1 ¥入館1000円 ◷9時30分～17時 休水曜（祝日の場合は開館）交JR渋川駅から徒歩13分 P50台 MAP P108C1

建物はフランスに現存する村役場がモデル

これもチェック

お得な周遊チケット

8つの観光施設を結ぶアルテナード。8つの施設共通の入場チケットと路線バスを利用できる2種類のフリー乗車券がおすすめ。

●伊香保温泉周遊フリー乗車券
1日券／800円 2日券／1200円

●アルテナード周遊倶楽部
大人／4000円 子ども／1800円

日本三大うどんの一つ、水沢うどん専門店が点在する街道で味わおう

県道15号沿いにはうどんの専門店が軒を連ねています。
通称「水沢うどん街道」とよばれるうどんの町でハシゴしてみて。

こちらもおすすめ

野菜のかき揚げと舞茸天ぷらとの合わせ盛り770円と一緒に味わいたい

もりうどん二色つゆ 1210円

水沢の水と天然塩を使い熟成させた麺は、醤油とごまの2種類のつけ汁で味わう

めんさいぼう たまるや

麺彩房 田丸屋

昔ながらの製法にこだわった極上の麺とツユを堪能する

天正10年（1582）創業の老舗うどん店。国産小麦粉のみを使った十割うどんと、自家製粉した全粒粉で作る古伝喜利麦の2種類のうどんを提供している。自慢のだしを使う玉子焼き（大）2310円もおすすめ。

☎0279-72-3019 住渋川市伊香保町水沢206-1 🕒9～15時（売り切れ次第終了）休水曜 交バス停水沢から徒歩2分 P100台
MAP折込表④B2

1 畳敷きの高級感漂う店内には座敷席もある 2 水沢うどんを代表する名店

こちらもおすすめ

豆腐で作った団子にあつあつのみたらたっぷりのふわとろ団子380円

楓 1485円

舞茸天ぷら付き。つけ汁の基本は醤油ベースで、+264円でごま汁も付く

おおさわや だいいちてんぽ

大澤屋 第一店舗

著名人のファンも多いもちっとした打ち立てうどん

昭和45年（1970）に開業し、今では県内に4店舗を構える名店。小麦粉と食塩のみで2日間かけて作るうどんは、小麦本来の風味を味わえると評判。定番のざるうどん単品825円が人気。

☎0279-72-3295 住渋川市伊香保町水沢125-1 🕒10～16時（土・日曜、祝日は9時30分～）休木曜（変更あり）交バス停水沢から徒歩3分 P40台
MAP折込表④B2

1 先代と交流のあった、岡本太郎の名を冠する大広間 2 三角屋根が印象的な人気店

水沢うどん発祥の古刹
水澤観世音へ

水澤観世音の創建に尽力した渡来僧・恵灌(えかん)僧正により製法が伝授されたと伝わっている水沢うどん。今では水澤観世音の門前に14軒のうどん店が立ち並ぶ。☎0279-72-3619 MAP折込表④B2

こちらもおすすめ
舞茸やシイタケなどを使ったきのこの天ぷら1210円が人気

上州御膳
1650円
定番のざるうどんに、前菜、舞茸と季節の天ぷらが付く豪華な御膳メニュー

うどんちゃやみずさわ まんようてい
うどん茶屋水沢 万葉亭

バラエティに富んだ
メニューがずらり

水沢うどんはもとより、水沢とうふやさしみこんにゃくなど、群馬グルメが豊富に揃う食事処。モンドセレクション最高金賞を連続受賞したうどんは、シンプルにざるで味わいたい。舞茸天ぷら付きの湯の花御膳1430円もおすすめ。

☎0279-72-3038 住渋川市伊香保町水沢48-4 ⏰11～15時 休不定休 交バス停水沢から徒歩4分 P100台 MAP折込表④B2

1 座りやすい椅子を配した店内 2 水沢うどんや上州名産などが揃う直営売店を併設

こちらもおすすめ
プレミアム出汁巻き玉子1人前550円は、うどんによく合う逸品メニュー

ざる＆地粉うむどん
あいもり
1265円
小鉢3品、揚げ物盛り合わせなどが付いた清水屋セットは＋1100円で楽しめる

しそ しみずや
始祖 清水屋

創業400年以上の老舗
こだわりの水沢うどんを

手でこね、足で踏む伝統の技法を受け継いできた名店。日本料理店で修業した18代目は、伝統を守りつつ時代に合わせたうどん作りを続けている。群馬の有機栽培小麦を使った地粉うむどん935円～が人気。

☎0279-72-3020 住渋川市伊香保町水沢204 ⏰10時30分～14時30分 休木曜（お盆は無休）交バス停水沢から徒歩2分 P20台 MAP折込表④B2

1 畳敷きの小上がり席とテーブル席がある店内 2 江戸時代からこの場所に店を構える

水沢うどんの盛り付けに使われることの多い三角ざるは、水切りがよく麺の絡みをおさえてくれます。

さまざまな動物たちとふれあえる 榛名山麓の牧場へ行こう

伊香保温泉から車で約6分

榛名山麓に広がる丘陵地に、羊や馬がのびのび暮らしています。
グリーンシーズンに訪れたいふれあい型体験牧場へ。

本場ニュージーランド仕込みのシープドッグショー。300円

いかほぐりーんぼくじょう
伊香保グリーン牧場

さまざまな体験が魅力

シープドッグショーの見学や動物とのふれあい体験が楽しめる観光牧場。手作りバター体験1回700円もおすすめ。グルメやみやげも充実。

☎0279-24-5335 住渋川市金井2844-1 ¥入場1500円 ⏰9～16時（最終入場15時、冬期は10時～）休無休（1月上旬～2月は土・日曜、祝日のみ営業、要問合せ）交バス停グリーン牧場前から徒歩2分 P700台（1日500円）MAP折込表④B1

新鮮なミルクを使ったソフトクリーム500円

羊やヤギのおさんぽ15分500円（エサ付き）

どうぶつふれあいたいけん
動物ふれあい体験

どうぶつふれあいパークでは動物のおさんぽやエサやり、うさぎハウスではうさぎのふれあい1回500円などが楽しめる。ホースパークでの乗馬1周1000円も人気。

おやつ300円を購入してエサやりも体験できる

しょっぷ
ショップ

入口近くのショッピングプラザグッディには、オリジナルみやげが豊富に揃う。群馬県産の新鮮なミルクを使ったスイーツをはじめ、動物をモチーフにしたアイテムも充実している。

ソフトクリームタルトケーキ5個入り850円

MouMouBarではMouMou焼き1個320円～が人気

オリジナル生クリームキャラメル480円

ココにも行きたい

伊香保温泉のおすすめスポット

伊香保関所（いかほせきしょ）

江戸時代の関所を再現

渋川から中山宿まで続く三国街道裏往還の要所として、幕府の命により造られた。現在は復元された関所や門があり、内部では通行手形や十手などさまざまな資料を展示している。DATA ☎0279-22-2873（渋川市観光課）住渋川市伊香保町伊香保甲34 ¥入館無料 ⏰9～17時 休第2・4火曜 交伊香保温泉バスターミナルから徒歩10分 P周辺駐車場利用 MAP折込表⑥B2

ハワイ王国公使別邸（はわいおうこくこうしべってい）

日本に残るハワイ王国の史跡

ハワイ王国の駐日弁理公使ロバート・W・アルウィン氏が夏に別荘として利用した建物の一部。ガイダンス施設では資料を展示し、伊香保とハワイ王国、アルウィン家との関わりを解説している。DATA ☎0279-20-3033 住渋川市伊香保町伊香保32 ¥入館無料（ガイダンス施設は200円）⏰9時～16時30分 休火曜（祝日の場合は翌日）交伊香保温泉バスターミナルから徒歩6分 P4台 MAP折込表⑥B1

伊香保焼 陶句郎窯（いかほやき とうくろうがま）

湯の花を用いる伊香保焼を体験

明治期に途絶えた伊香保焼を復活させた、木暮陶句郎氏の陶芸教室。伊香保焼は湯の花を粘土に混ぜたり、釉薬や絵付けの絵の具として使うのが特徴。電動ロクロ体験5500円をはじめ、手びねり体験、絵付け体験など。DATA ☎0279-20-3555 住渋川市伊香保町伊香保397-11 ⏰10～16時最終受付 休水曜（年末年始、夏期は無休）交伊香保温泉バスターミナルから徒歩12分 P50台 MAP折込表⑤C1

伊香保ロープウェイ（いかほろーぷうぇい）

見晴抜群の展望台へ

温泉街にある不如帰駅と標高955mの見晴駅までを約4分で結ぶロープウェイ。見晴駅周辺には赤城山や谷川岳のパノラマを望む展望台や、県立伊香保森林公園があり、自然の中でトレッキングも楽しめる。DATA ☎0279-72-2418 住渋川市伊香保町伊香保560-1 ¥往復830円 ⏰9～17時 休無休（荒天時運休、点検休あり）交伊香保温泉バスターミナルからすぐ P市営物聞駐車場利用 MAP折込表⑤B2

お食事処四季彩（おしょくじどころしきさい）

ブランド豚を味わえる

赤城山麓で育ったブランド豚「和豚もちぶた」をはじめ、群馬県産の素材を使った料理を味わえる。和豚もちぶたは肉質が軟らかくジューシーで、脂身はさっぱり。ソースカツ重1500円、カツライス1800円などがおすすめだ。DATA ☎0279-72-3917 住渋川市伊香保町伊香保78 ⏰10～16時（土曜は～18時）休水曜（7・8月は無休）交伊香保温泉バスターミナルから徒歩8分 P3台 MAP折込表⑥B2

テラスカフェ＆レストラン夢味亭（てらすかふぇあんどれすとらんゆめみてい）

優雅な英国調のレストラン

英国アンティークをテーマにしたオーベルジュのレストラン。アラカルトからコースまで揃う創作洋食のランチが好評。夢味亭おすすめランチは2380円。パスタランチ1280円などリーズナブル。DATA ☎0279-72-3308（洋風旅館ぴのん）住渋川市伊香保町伊香保383 ⏰11時30分～14時LO、17～20時LO（ディナーは要予約）休無休 P洋風旅館ぴのん駐車場利用30台 MAP折込表⑤B1

SARA"S Terrace Arraiya（さらずてらす あらいや）

上州牛を気軽に味わう

石段街にあるおしゃれなカフェレストラン。契約農場から仕入れる牛や豚、朝どれ野菜など厳選した素材を使っている。メニューは上州牛ロース丼1860円や、上州牛のステーキ150g2190円など。チョコレートブラウニー550円など自家製のスイーツも充実。DATA ☎0279-72-2183 住渋川市伊香保町伊香保20 ⏰10時30分～18時30分LO 休不定休 交伊香保温泉バスターミナルから徒歩6分 Pなし MAP折込表⑥B3

清芳亭（せいほうてい）

上品な味わいの和菓子

昭和11年（1936）の創業以来、素材からこだわった和菓子を製造販売している。薄皮に北海道産小豆のこし餡を包んだ湯の花饅頭は1個100円。白花豆から作った白餡に有機栽培の栗が細かく入った和栗饅頭1個100円も人気。DATA ☎0279-20-3939 住渋川市伊香保町伊香保544-38 ⏰8～17時（変動あり）休無休 交伊香保温泉バスターミナルから徒歩11分 P25台 MAP折込表⑤C1

伊香保露天風呂（いかほろてんぶろ）

源泉地でリフレッシュ

源泉地の横にある日帰りの露天風呂。木々に囲まれた露天風呂は風情があり、湯船には黄金の湯が湯量豊富に注いでいる。伊香保露天風呂に向かう途中には伊香保で唯一の飲泉所もある。DATA ☎0279-72-2488 住渋川市伊香保町伊香保581 ¥入浴450円 ⏰9～18時（10～3月は10時～、入場は平常の30分前まで）休第1・3木曜（祝日、8月は営業）P河鹿橋駐車場利用18台 MAP折込表⑤A2

川沿いにたたずむ由緒ある老舗旅館

四万温泉 積善館(☞P64)の風格あるたたずまいは四万温泉の象徴。日本最古の木造湯宿建築だ。

わしの屋酒店(☞P68)の四万温泉エール

これしよう！

四万温泉の最奥にある絶景の「四万ブルー」

奥四万湖(☞P73)はダムの建設で誕生した人工湖。絶景スポットとして話題。

これしよう！

モダンに改装したカフェも点在

古民家をリノベーションした柏屋カフェ(☞P67)は、居心地のよい空間。

四万川沿いにたたずむレトロな風情の温泉地

四万温泉

しまおんせん

四万温泉 積善館の建物を利用した薬膳や 向新(☞P66)では、ヘルシースイーツを

こんなところ

「四万の病に効く」という言い伝えからその名が付いたとされ、効能の高さに定評がある温泉地。ノスタルジックな風情の湯宿が点在するほか、無料で利用できる飲泉所もある。四万川上流に位置する奥四万湖は、「四万ブルー」とよばれる美しい水面が印象的な話題のスポット。

access

●四万温泉へ
JR中之条駅から関越交通バスで約40分、四万温泉下車。

問合せ
☎0279-64-2321
四万温泉協会
☎0279-75-8814
中之条町観光協会
広域MAP P107D2·3

～四万温泉 はやわかりMAP～

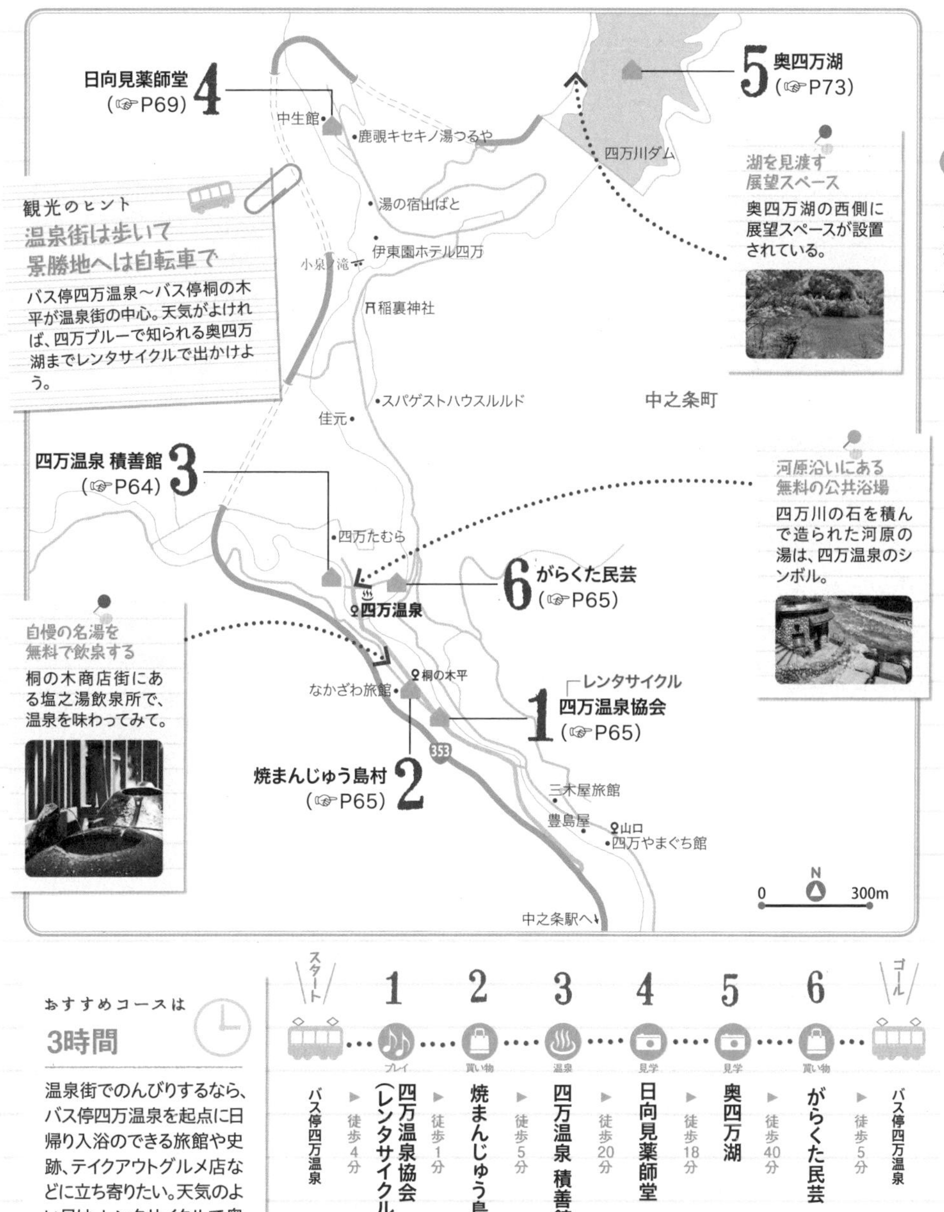

観光のヒント

温泉街は歩いて景勝地へは自転車で

バス停四万温泉～バス停桐の木平が温泉街の中心。天気がよければ、四万ブルーで知られる奥四万湖までレンタサイクルで出かけよう。

湖を見渡す展望スペース

奥四万湖の西側に展望スペースが設置されている。

河原沿いにある無料の公共浴場

四万川の石を積んで造られた河原の湯は、四万温泉のシンボル。

自慢の名湯を無料で飲泉する

桐の木商店街にある塩之湯飲泉所で、温泉を味わってみて。

四万温泉

おすすめコースは

3時間

温泉街でのんびりするなら、バス停四万温泉を起点に日帰り入浴のできる旅館や史跡、テイクアウトグルメ店などに立ち寄りたい。天気のよい日は、レンタサイクルで奥四万湖まで足を延ばそう。

スタート バス停四万温泉 ▶徒歩4分 1 プレイ 四万温泉協会(レンタサイクル) ▶徒歩1分 2 買い物 焼まんじゅう島村 ▶徒歩5分 3 温泉 四万温泉 積善館 ▶徒歩20分 4 見学 日向見薬師堂 ▶徒歩18分 5 見学 奥四万湖 ▶徒歩40分 6 買い物 がらくた民芸 ▶徒歩5分 ゴール バス停四万温泉

そこかしこにレトロな雰囲気が漂う 湯の街・四万温泉をそぞろ歩き

散策所要 2時間

四万川沿いにノスタルジックな風情が漂う温泉街。
タイムスリップしたような温泉宿やショップに立ち寄ってみて♪

四万温泉の散策はバス停四万温泉からスタート

本館へは趣のある朱塗りの橋を渡って

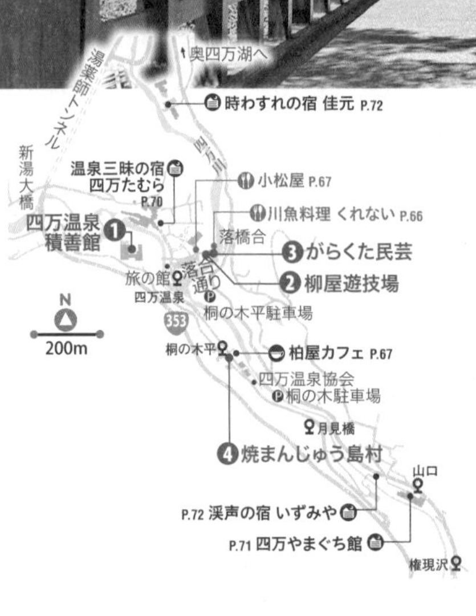

1 四万温泉 積善館
しまおんせん せきぜんかん

朱塗りの橋の先に広がる異空間へ

元禄7年（1694）創業の老舗宿。江戸時代に建てられた本館は県の重要文化財に指定されており、歴史的価値も高い。昭和5年（1930）に造られた趣のある名物風呂「元禄の湯」は、日帰り入浴の利用もできる。

☎0279-64-2101 住中之条町四万4236 ¥日帰り入浴1500円（元禄の湯のみ）🕒10時～17時30分（受付は～17時）休不定休 交バス停四万温泉からすぐ P50台 MAP折込表③A3

本館の玄関には帳場が備わり、古きよき湯宿の風情が漂う

四万チャリを利用して快適に回ろう

温泉街を効率よく巡るならレンタサイクルがおすすめ。電動アシスト自転車（2時間1000円、延長は1時間500円）で利用できる。🕒9時～16時30分 休 冬期休業 ☎0279-64-2321（四万温泉協会）MAP 折込表③B3

※サイクリングの際は、乗車用ヘルメットを着用しましょう

スマートボールは思いっきり打つのがコツ！

徒歩1分

2 柳屋遊技場

やなぎやゆうぎじょう

昭和レトロなプレイスポット

昭和初期に流行したスマートボール（ボール45個500円）を楽しめる。初めて体験するなら、遊び方を教えてもらおう。射的（8発500円）もおすすめ。

☎0279-64-2520 住 中之条町四万4145 🕒10～15時 休 不定休 交 バス停四万温泉から徒歩2分 P 公共駐車場利用 MAP 折込表③B3

誰でも気軽に楽しめるレトロなプレイスポット

3 がらくた民芸

がらくたみんげい

個性的な雑貨がずらりと並ぶ

店の向かいにある「くれない旅館」の女将がセレクトした雑貨を販売している店。古布を使った小物や民芸品など、店内ところ狭しと並ぶ。お気に入りを探しに立ち寄ってみよう。

☎0279-64-2006 住 中之条町四万4143-2 🕒7～17時 休 不定休 交 バス停四万温泉から徒歩3分 P 公共駐車場利用 MAP 折込表③B3

一点もののコースター 1枚150円～

天然あわぎ貝箸1800円～などもおすすめ

1 店内には地元作家の作品など、さまざまなアイテムが揃う 2 温泉街にたたずむ小さな雑貨店

徒歩5分

4 焼まんじゅう島村

やきまんじゅうしまむら

郷土の味でおやつタイム

昔ながらの定番おやつ、群馬名物焼まんじゅうの専門店。無添加の酒まんじゅうに、自家製の甘味噌ダレをつけて炭火で焼き上げる。注文を受けてから焼くためアツアツで味わえる。

☎0279-64-2735 住 中之条町四万4237-23 🕒10時～まんじゅうが終わり次第終了 休 月曜（祝日の場合は営業）交 バス停桐の木平からすぐ P 公共駐車場利用 MAP 折込表③B3

店先にある椅子に座って味わうこともできる

焼きたてを味わってください

地元で愛されている香ばしい焼まんじゅう 1串300円

山あいの温泉地で味わう温泉ランチ&カフェ

四万温泉を訪れたら湧水仕込みのグルメは必食です。
レトロな趣のカフェとあわせて、人気店をめぐりましょう。

温泉の蒸気で蒸し上げた鰻重

湯むし鰻重
3800円(変動あり)
ウナギを温泉水の蒸気で蒸し、さらに炭火で焼き上げたこの店のオリジナル

ウナギはさばく直前まで四万川の水で泳がせているため鮮度抜群。独特のふっくら食感に仕上げ、自家製ダレともよく合う。かばやき、白焼き各3250円もある

かわざかなりょうり くれない
川魚料理 くれない

昭和9年(1934)創業、四万川に架かる落合橋のたもとに立つ食事処。ウナギをはじめ、ヤマメやイワナの塩焼き各780円など、天然の味を提供している。温泉雑炊980円、くれないの焼き豚1200円など、ユニークなメニューも好評。

☎0279-64-2006 住中之条町四万4143-2 ⏰11〜14時 休不定休 交バス停四万温泉から徒歩3分 P5台 MAP折込表③B2

地元産のイワナの塩焼きも炭火で焼き上げている。きゃらぶきが添えられている

窓の外には四万川が広がり、眺望を楽しみながら食事できる

やくぜんや むこうしん
薬膳や 向新

元禄7年(1694)に開業した四万温泉積善館(→P64)の一部をリノベーションした薬膳茶屋。薬膳お粥セットのほか、薬膳スイーツ300円〜や薬膳ドリンク600円〜もおすすめ。日帰りプランでは積善館の温泉にも入浴できる。

☎0279-64-2101 住中之条町四万4236 ⏰11〜15時 休月〜木曜(祝日の場合は営業) 交バス停四万温泉からすぐ P公共駐車場利用 MAP折込表③A3

「温泉×薬膳」を融合させた試み

薬膳お粥のほか、小鉢2品、体質改善茶が付いたメニュー

薬膳サムゲタン粥セット
1700円
群馬産赤城鶏を使った滋養たっぷりのお粥。冷えや疲れが気になる方にぴったり

店内からは新湯川を眺める

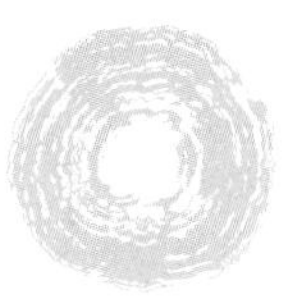

四万温泉では そばが定番

水沢の名水で仕込んだそばは四万温泉の名物。中島屋では石臼挽きのそば粉を使った十割の深山そば1080円や、山菜セイロ1000円がおすすめ。☎0279-64-2400 MAP折込表③A3

こまつや
小松屋

慶応元年（1865）創業のそば処。自家栽培の玄そばを石臼で挽いて仕上げたそばは、ほのかな甘みが特徴。通常の二八そばに+165円で、手挽き石臼十割そばにもできる。

☎0279-64-2609 住中之条町四万4224-2 ⏲11時30分～14時30分（売り切れ次第終了）休不定休 交バス停四万温泉から徒歩2分 P公共駐車場利用 MAP折込表③A3

芳醇な香りのそばを堪能する

まいたけ蕎麦御膳
1430円
毎朝石臼挽きするそばに、県内産の舞茸の天ぷらなどが付く人気メニュー

自家製のわらび餅や高原花豆も付く。数量限定の手挽き石臼のそばにすると、より味わい深くなる

テーブル席と座敷席が備わる落ち着いた雰囲気の店内

映えるグルメ&スイーツ

マンゴーソースたっぷりのパフェ（中央）が人気

パフェ
各1000円
マンゴーレアチーズやお芋の定番のほか、季節限定のメニューもおすすめ

犬連れOKのテラス席

もりのかふぇ きせき
森のカフェ KISEKI

群馬県の天然記念物「甌穴」の入口に立つオープンカフェ。有機栽培の豆を使ったコーヒー550円のほか、ソフトクリームやパフェも充実。夏にはさわやかな風がそよぐテラス席で味わおう。

☎0279-64-2290 住中之条町四万3497 ⏲10時30分～15時 休不定休（要問合せ）交バス停四万温泉から関越交通バス中之条駅行きで8分、四万の甌穴前下車すぐ徒歩2分 P25台 MAP P107D3

かしわやかふぇ
柏屋カフェ

昭和初期の民家を改装したレトロモダンなカフェ。和雑貨を配した店内は落ち着いた雰囲気で居心地がよい。温泉マークホットサンド1450円などがおすすめ。

☎0279-64-2414 住中之条町四万4237-45 ⏲10時～16時30分LO 休木曜、第2・4金曜 交バス停四万温泉から関越交通バス中之条駅行きで1分、桐の木平下車すぐ P公共駐車場利用 MAP折込表③B3

話題の古民家カフェへ

温泉マークカプチーノ750円にも合うスイーツ

高原豆サンデー
900円
大きな花豆が主役の定番スイーツ。甘いアイスとクリームたっぷりで食べ応えあり

2階にはソファ席なども備えている

温泉まんじゅう、銘菓…四万温泉のご当地みやげ

四万温泉で昔から食べ継がれてきた銘菓や温泉まんじゅう。みやげに喜ばれそうな逸品を探してみて♪

地元の素材を使った銘菓が自慢

たかだやかしほ

高田屋菓子舗 Ⓐ

☎0279-64-2702 住中之条町四万4232（旅の館内）⏰9～17時 休不定休 交バス停四万温泉からすぐ P公共駐車場利用 MAP折込表③A3

イートインできる和菓子店

ふうげつどう

楓月堂 Ⓑ

☎0279-64-2508 住中之条町四万4237-34 ⏰8～17時 休不定休 交バス停四万温泉から関越交通バス中之条駅行きで1分、桐の木平下車すぐ P公共駐車場利用 MAP折込表③B3

創業70年以上の漬物専門店

まつばや

まつばや Ⓒ

☎0279-64-2413 住中之条町四万4237-16 ⏰9時30分～17時 休不定休 交バス停桐の木平からすぐ P公共駐車場利用 MAP折込表③B3

県内10酒蔵の地酒が揃う

わしのやさけてん

わしの屋酒店 Ⓓ

☎0279-64-2608 住中之条町四万3894-1 ⏰8～21時 休無休 交バス停四万温泉から関越交通バス中之条駅行きで3分、山口下車すぐ P3台 MAP折込表③B3

四万やまぐち館にある売店

えんきや

延喜屋 Ⓔ

☎0279-64-2011（四万やまぐち館）住中之条町四万3876-1 ⏰8時～20時30分 休不定休 交バス停山口からすぐ P60台 MAP折込表③B3

おいらんふろう濡甘納豆
1袋480円 Ⓐ
地元の花いんげん豆を5日間かけてじっくり煮込んだ素朴な味わい

玉ねぎの奈良漬け
1パック756円 Ⓒ
シャキシャキの歯ごたえがクセになる、珍しいタマネギの漬物

楓月堂の羊かん
1棹650円 Ⓑ
北海道産の小豆を使った無添加のようかん。本練り、柚子、抹茶がある

KUMIKO温泉化粧水
120mℓ3300円 Ⓔ
四万やまぐち館（→P71）の女将がプロデュースした化粧水

四万温泉エール
330mℓ各450円 Ⓓ
四万の湧水で仕込んだビール。スタウト、ペールエール、アンバーエールの3種類

[温泉地の定番みやげ]

温泉まんじゅう

四万温泉にある2大温泉まんじゅうといえばコレ。食べ比べてお好みでどうぞ。

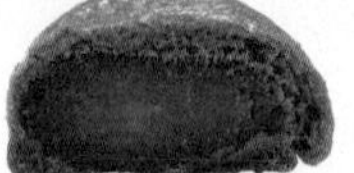

温泉まんじゅう 1個100円 Ⓐ
黒砂糖の風味が広がる皮で自家製こし餡を包んだ人気商品

温泉まんじゅう 1個100円 Ⓑ
しっとりとやわらかな皮が特徴。こし餡とつぶ餡の2種類ある

ココにも行きたい

四万温泉のおすすめスポット

まやのたき
摩耶の滝

縁結びのパワースポット

日向見川にある落差約20mの滝。かつて不動様の導きにより摩耶姫という美しい娘と立派な若者が出会ったという伝説が残り、恋愛のパワースポットとしても知られる。摩耶の滝入口からの散策路では木々や野鳥の声を聞きながらハイキングを楽しめる。DATA☎0279-64-2321(四万温泉協会) 住中之条町四万 ¥営休散策自由 交バス停四万温泉から遊歩道入口まで徒歩35分 Pなし MAP P107D2

ひなたみやくしどう
日向見薬師堂

重要文化財の薬師堂

現在の薬師堂は慶長3年（1598）に真田信之の武運長久を願って建立されたもの。四万温泉発祥のお告げをもたらした神様として薬師瑠璃光如来を祀る。天井に描かれた龍には複数の小さな足があり、毘沙門天の使い「ムカデ」から想像されたと伝わる。DATA☎0279-64-2321(四万温泉協会) 住中之条町四万4371 ¥営休参拝自由 交バス停四万温泉から徒歩30分 Pなし MAP折込表③A1

ぐりーんでぃすかばりー
グリーンディスカバリー

アクティブに遊び尽くそう

利根川でのラフティングやキャニオニング、奥四万湖でのカヌーなど、雄大な自然の中で多彩なツアーを開催する。DATA☎0279-56-3999 住中之条町四万4063 ¥キャニオニング半日コース6000円～(保険、装備費等込み、要予約) 営6～9月の9時30分～、13時30分～ 休悪天候時は中止、要問い合わせ 交バス停四万温泉から関越交通バス中之条駅行きで3分、山口下車、徒歩10分 P10台 MAP折込表③B3

きばらしこうぼう
木ばらし工房

四万の自然素材で木工体験を

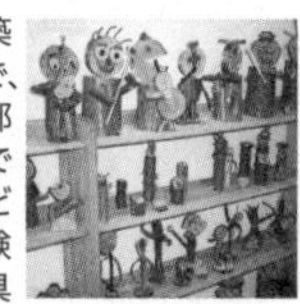

京都から移築した築約400年の建物で、太宰治が宿泊した部屋が見られる。工房では丸太や流木、石などを使った手作り体験に挑戦! からくり玩具やミニチュア家具などの作品を作ろう。DATA☎090-7404-7003 住中之条町四万4401-9 ¥体験2000円～ 営3月上旬～12月中旬の10～17時 休水・木曜 交バス停四万温泉から関越交通バス中之条駅行きで5分、清流の湯入口下車、徒歩3分 P10台 MAP折込表③C4

あすなろ
あすなろ

具材を挟んだ変わりとんかつ

群馬県産の麦豚を使ったとんかつ定食1400円は、軟らかくジューシー。豚肉の間に具材を挟んだ変わりとんかつもあり、しそかつ、チーズかつなど種類豊富。肉の間にニンニクや生しょうが入りの自家製味噌を挟んだ味噌かつも名物だ。DATA☎0279-64-2159 住中之条町四万4231 営11～15時、18～21時 休水曜(祝日の場合は営業)、第2火曜 交バス停四万温泉からすぐ Pなし MAP折込表③A3

かふぇてらすまや
カフェテラス摩耶

本格的な洋食を味わえる

木の温もりにあふれた洋食店。人気のビーフシチューセットは2200円。4日間かけて煮込んだデミグラスソースはコクがあり、上州牛も軟らか。ピザ、サンドイッチなど軽食も揃っている。食後にはコーヒー450円を。DATA☎0279-64-2351 住中之条町四万4139-10 営11～15時、17～21時 休月曜(祝日の場合は翌日) 交バス停四万温泉から徒歩10分 P契約駐車場利用 MAP折込表③A2

あづまや
あづまや

窓から日向見薬師堂を眺める

日向見薬師堂に隣接するログハウス風の店。天然木で作られたテーブルや椅子を配した空間で、四万の銘水を使ったブレンドコーヒー450円～を味わえる。季節の野菜たっぷりのすいとん850円や、群馬の郷土料理おっきりこみ900円もおすすめ。DATA☎0279-64-2688 住中之条町四万4401 営10～15時 休不定休 交バス停四万温泉から徒歩25分 P無料公共駐車場利用 MAP折込表③A1

かわらのゆ
河原の湯

石造りの温泉浴場

四万川と新湯川の合流地点にあり、目の前に河原が広がる。外壁や内壁は四万川の石を積んで造られ、まるで洞窟風呂のよう。男女別の内湯があり、川底から引いた湯をたたえる。建物上部の公園で湯上がりに休憩するのもいい。DATA☎0279-64-2321(四万温泉協会) 住中之条町四万4228-2 ¥入浴無料 営9～15時(変動あり) 休無休 交バス停四万温泉からすぐ P無料公共駐車場利用 MAP折込表③A3

なかのじょうちょうえい しませいりゅうのゆ
中之条町営 四万清流の湯

清流を眺めてリラックス

温泉口地区にある町営の日帰り温泉施設。深い森を背にして立つ純和風の建物で、大浴場と露天風呂を備えている。男性用露天風呂は川の目の前にあり、渓谷の自然を眺めながら湯浴みを楽しめる。館内には談話室や飲泉所があり、湯上がりに休憩できる。DATA☎0279-64-2610 住中之条町四万3830-1 ¥入浴2時間500円～ 営10～20時 休第4水曜 交バス停清流の湯入口からすぐ P25台 MAP折込表③C4

憧れの名物風呂でリラックス♪ 渓流沿いの佳宿でおこもりステイ

四万温泉の湯宿には温泉ファンを魅了する名物風呂があります。
レトロな風情の内湯や渓流を眺める露天風呂で非日常を体感しよう。

しまおんせん せきぜんかん
四万温泉 積善館

元禄7年（1694）創業の宿で、建物は本館、山荘、佳松亭の3つからなる。本館にある元禄の湯は国の登録有形文化財。山荘の貸切風呂、佳松亭の露天風呂と、趣のある湯船が揃う。日帰り入浴（→P64）もできる。

☎0279-64-2101 住中之条町四万4236 交バス停四万温泉からすぐ P50台 ●全52室 ●内湯4／露天2／貸切4 MAP折込表③A3

入浴のポイント
元禄の湯
浴室にしつらえたアート窓から、やわらかな自然光が注ぐ名物風呂。石造りの5つの浴槽が備わり、湯船の底から湯が湧き出ている。

日本最古の木造湯宿建築で昔ながらの湯治文化を体感する

✣1泊2食付料金✣
平日2万5450円～
休前日2万9850円～
✣時間✣
IN14時
OUT10時（本館）

1 湯治場の風情を残したノスタルジックな元禄の湯。床はタイル敷きになっている 2 佳松亭にある最上階和洋特別室には半露天風呂も備わる 3 川魚など山里ならではの味覚を堪能できる夕食（一例）

おんせんざんまいのやど しまたむら
温泉三昧の宿 四万たむら

永禄6年（1563）から湯治場として親しまれてきた湯宿。広大な敷地に7つの源泉を有し、豊富な湯量を誇る。渓流沿いの露天風呂からは、豊かな自然を一望できる。檜風呂付きやメゾネットなど、多彩なタイプの客室も完備。

☎0279-64-2111 住中之条町四万4180 交バス停四万温泉から徒歩5分 P80台 ●全47室 ●内湯6／露天5／貸切1 MAP折込表③A2

趣向を凝らした7つの湯船に天然かけ流しの温泉が注ぐ

✣1泊2食付料金✣
平日1万5550円～
休前日1万8850円～
✣時間✣
IN15時　OUT11時

1 四季折々の景色を楽しめる露天風呂。清流と滝の爽快なロケーションが広がる 2 旬の素材を使い四季折々の味覚を楽しめる会席料理（一例） 3 天保5年（1834）に建てられた入母屋造りの玄関

入浴のポイント
露天風呂　森のこだま
木涌館川3階にある露天風呂。新湯川に面して造られた湯船で、森林浴を楽しみながら入浴できる。目の前に広がる自然との一体感を満喫できる。

 源泉かけ流し　部屋食　エステあり　禁煙ルームあり　大浴場あり　ひとり宿泊OK

春木亭 なかざわ旅館もおすすめ

旅籠をイメージした外観が印象的な温もりの宿。全6室のうち露天風呂、木小屋風呂付きの客室が2室あるほか、貸切露天風呂も完備している。森林浴を楽しみながら湯浴みできる。
☎0279-64-2716 MAP折込表③B3

しまやまぐちかん
四万やまぐち館

延宝年間（1673〜81）創業の老舗宿。敷地内の6カ所から湧き出す源泉は毎分500ℓ。渓流に面した2つの露天風呂や広々とした内湯で湯浴みが楽しめる。女将による紙芝居など、おもてなしのイベントも好評。

☎0279-64-2011 住中之条町四万3876-1 交バス停四万温泉から関越交通バス中之条駅行きで3分、山口下車すぐ P60台 ●全77室 ●内湯2／露天2／貸切0
MAP折込表③B3

入浴のポイント
お題目大露天風呂
昔、洪水から宿を守ったという周囲25mの大岩をそのまま残した名物露天風呂。男女入替制で12〜19時までは女性専用となる。

四万川の渓流が広がるダイナミックな露天風呂

✣1泊2食付料金✣
平日1万5550円〜
休前日1万8850円〜
✣時間✣
IN14時30分
OUT11時

1 お題目が彫られた大岩が残る露天風呂。夜には四万川がライトアップされる 2 本館の10畳タイプの和室からも渓流を眺めることができる 3 地元の山の幸をふんだんに取り入れた会席膳（一例）

ゆもと しまかん
湯元 四萬館

井伏鱒二や太宰治などの文人が逗留した宿。四万川沿いに7つの貸切風呂が備わり、15時〜翌8時まで予約なしで利用できる。客室は露天風呂付きや湯治宿泊用など、7タイプの部屋がある。小学生までの子連れは予約不可。

☎0279-64-2001 住中之条町四万3838 交バス停四万温泉から関越交通バス中之条駅行きで4分、温泉口下車すぐ P35台 ●全40室 ●内湯2／露天3／貸切7
MAP折込表③C4

自慢の貸切風呂でのんびり文人墨客に愛された佳宿

✣1泊2食付料金✣
平日1万1500円〜
休前日1万4000円〜
✣時間✣
IN15時　OUT10時

1 おんせんにんぎょの湯は7つの貸切風呂のなかでも一番大きく、渓流に近い場所に設置されている 2 別館には全室露天風呂付きの客室がある 3 おんせんにんぎょの湯は露天風呂だけでなく内湯も備わる

入浴のポイント
おんせんにんぎょの湯

世界で活躍するアーティスト神田さおりプロデュースの貸切風呂。渓流に面した露天風呂が備わり、6月中旬〜10月初旬のみ入浴可能。

「四万（よんまん）の病に効く」といわれる四万温泉では、無料で飲泉できるスポットがあります。

ほかにもある、自然と一体になれる 四万温泉のおすすめ宿へ

素朴な風情の四万温泉街にはおこもり感のある宿が点在しています。
絶景の貸切風呂、グランピング…、話題の宿をチェック!

おんせんぐらんぴんぐ しまぶるー

温泉グランピングシマブルー

新しい宿泊のスタイルを提案

四万温泉の名湯と話題のグランピングを融合させた施設。豊かな自然に包まれた森の中にロッジやテントの宿泊棟が点在している。どの客室にも源泉かけ流しの露天風呂を備え、ぜいたくに時間を過ごせる。貸切サウナ(60分4400円、要予約)もおすすめ。

☎0279-64-2155 住中之条町四万4355-9 ¥1泊2食付:平日2万4200円~、休前日2万9700円~ IN15時、OUT10時 休無休 交バス停四万温泉から徒歩13分 P12台 ●全7棟 ●内湯0/露天7/貸切0 MAP折込表③A2

しかのぞきのゆ つるや

鹿覗の湯 つるや

静寂に包まれたおこもり宿

四万温泉の最奥にたたずむ温泉宿。本館つるや6部屋と別邸美月庵5部屋の全11室すべての客室に、源泉かけ流しの温泉風呂が付く。夕食は地元群馬の食材を活かした旬月会席を。手打ちそばも絶品。

☎0279-64-2927 住中之条町四万4372-1 ¥1泊2食付:平日2万5300円~、休前日2万8600円~ IN15時、OUT10時 休無休 交バス停四万温泉から車で5分(要連絡で送迎あり) P18台 ●全11室 ●内湯1/露天1/サウナ1/岩盤浴1 MAP折込表③A1

ときわすれのやど よしもと

時わすれの宿 佳元

趣の異なるぜいたくな客室

「時間を忘れて滞在できる宿」がコンセプトの佳宿。客室は全8室あり、庭園が備わる露天風呂付き客室や、アンティークな調度品を配した客室など、どれも趣向を凝らした造り。囲炉裏ラウンジでは群馬県の日本酒を無料で味わえる。

☎0279-64-2314 住中之条町四万4344-2 ¥1泊2食付:平日1万9800円~、休前日2万3100円~ IN15時、OUT10時 休無休 交バス停四万温泉から徒歩15分(要予約で送迎あり) P20台 ●全8室 ●内湯2/露天2/貸切1 MAP折込表③A2

けいせいのやど いずみや

渓声の宿 いずみや

心地よい渓流の瀬音が響く宿

明治29年(1896)創業の大人の隠れ宿。全5室の客室のうち、3室は露天風呂付き。無料で利用できる2種類の貸切風呂が備わり、源泉かけ流しで四万温泉の名湯に入浴できる。夕食は天然の山の幸など、旬の味覚を盛り込んだ料理が膳を賑わす。

☎0279-64-2404 住中之条町四万3981-1 ¥1泊2食付:平日2万1050円~、休前日2万3250円~ IN14時、OUT12時 休無休 交バス停四万温泉から関越交通バス中之条駅行きで3分、山口下車すぐ P5台 ●全5室 ●内湯0/露天0/貸切2 MAP折込表③B3

しまおんせん かしわやりょかん

四万温泉 柏屋旅館

フォトジェニックな湯宿

和モダンな雰囲気が漂う宿。露天風呂付きの客室が2室あるほか、3つの貸切露天風呂が備わる。夕食は地元の食材を使った会席膳。朝食は系列の柏屋カフェ(→P67)とシマテラスでのブランチも選択できる。

☎0279-64-2255 住中之条町四万3829 ¥1泊2食付:平日2万1150円~、休前日2万4150円~ IN15時、OUT12時 休無休 交バス停四万温泉から関越交通バス中之条駅行きで5分、清流の湯入口下車、徒歩2分 P15台 ●全14室 ●内湯2/露天0/貸切3(露天) MAP折込表③C4

しまおんせん としまや

四万温泉 豊島屋

3つの自家源泉を有する

渓流沿いに設けた露天風呂が自慢の温泉宿。巨石に覆われた洞窟のような貸切風呂や6つの客室専用風呂があり、源泉かけ流しの湯が楽しめる。夕食は川の幸、山の幸を取り入れたオリジナルの里山懐石をいただける。

☎0279-64-2134 住中之条町四万3887 ¥1泊2食付:平日1万6280円~、休前日1万8480円~ IN15時、OUT10時 休無休 交バス停四万温泉から関越交通バス中之条駅行きで3分、山口下車すぐ P20台 ●全15室 ●内湯2/露天2/貸切2 MAP折込表③B3

 源泉かけ流し 部屋食 エステあり 禁煙ルームあり 大浴場あり ひとり宿泊OK インターネット可

四万ブルーとよばれる神秘的な奥四万湖周辺へ行こう

初めて訪れた人がその美しさのあまり驚愕！
四万川の水の色は「四万ブルー」とよばれています。

コバルトブルーのダム湖周辺で大自然の造形美に圧倒される

上信越高原国立公園内に位置する四万温泉は、いまだ手付かずの自然が残るエリア。この四万温泉の最奥にある奥四万湖が、近年、フォトジェニックなスポットとして注目されている。平成11年（1999）完成の四万川ダムによって誕生した人造湖で、水面の色が天候や時間帯によって刻々と変化する。コバルト、ティファニー、ターコイズと、さまざまに変化するため、これらを総称して「四万ブルー」とよばれている。

四万ブルーが現れる理由について、一説には四万川の水に溶け込んでいる物質の微粒子が乱反射しているともいわれるが、諸説あってはっきりしないのがまた神秘的なのだ。

美しい四万ブルーを眺めるためのベストシーズンは、雪解け水が流れ込み、より際立った青さを見せる新緑のころ。木々の緑とのコントラストも見事で、幻想的な光景が広がる。また、紅葉や氷結の時期も見逃せない。

奥四万湖（おくしまこ）

四万川ダムにより誕生した人造湖で、「四万ブルー」の発祥の地。湖面のアクティビティも盛んで、カヌー体験なども楽しめる。

DATA ☎0279-64-2321（四万温泉協会）住中之条町四万 ¥休見学自由 交バス停四万温泉から徒歩50分 P30台 MAP折込表③B1

奥四万湖のほかに絶景を見るなら

四万温泉の入口にあたる四万大橋から徒歩5分ほどの「桃太郎の滝」も絶景スポット。さらに、1.5㎞ほど下流にある県の天然記念物・「四万の甌穴」もチェックしたい。長い年月で侵食されてできた丸い穴は、深さ3mになるところもあり、より深みのある四万ブルーを見ることができる。

四万温泉街から8㎞ほど下流の中之条ダムにできた四万湖もおさえておきたい。また、視点を変えて楽しみたいなら、グリーンディスカバリーが開催する奥四万湖でのカヌー体験（☎0279-56-3999 ¥半日コース5500円～、期間や時間は要問合せ）がおすすめ。ほかに四万湖をフィールドに、サップ体験（¥半日コース5000円～、期間や時間は要問合せ）も行っている。

四万ブルーを見るなら

◎桃太郎の滝（MAP P107D3）
◎四万の甌穴（MAP P107D3）
◎四万湖（MAP P107D3）

レトロな名物風呂で日帰り入浴を

法師温泉 長寿館（☞P80）にある法師乃湯は、木の温もりに満ちた開放的な大浴場。

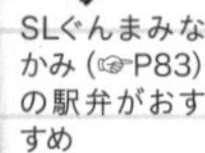

SLぐんまみなかみ（☞P83）の駅弁がおすすめ

これしよう!

水上ならではのアクティビティ

高さ62mの橋の上から、渓谷へダイブする猿ヶ京バンジー（☞P82）。

これしよう!

せせらぎを耳に爽快ハイキング

清流沿いの諏訪峡遊歩道（☞P76）は、新緑や紅葉が美しいハイキングコース。

利根川沿いにさまざまな温泉を有する

みなかみ

みなかみ

みなかみには多くのダムがあり、形状をモチーフにしたダムカレーが評判

こんなところ

谷川岳を仰ぎ見る、大自然に囲まれたネイチャーフィールド。利根川の上流沿いには、「みなかみ18湯」とよばれる温泉地が点在。露天風呂自慢の湯宿や秘境の一軒宿など、滞在してのんびりできる宿泊施設が多い。ラフティングやバンジージャンプなど、爽快なアクティビティもおすすめ。

access

●水上温泉へ
高崎駅からJR上越線で約1時間、水上駅下車。または、高崎駅からJR上越新幹線で約16分、上毛高原駅下車。

問合せ
☎0278-62-0401
みなかみ町観光協会
広域MAP P107EF1・2

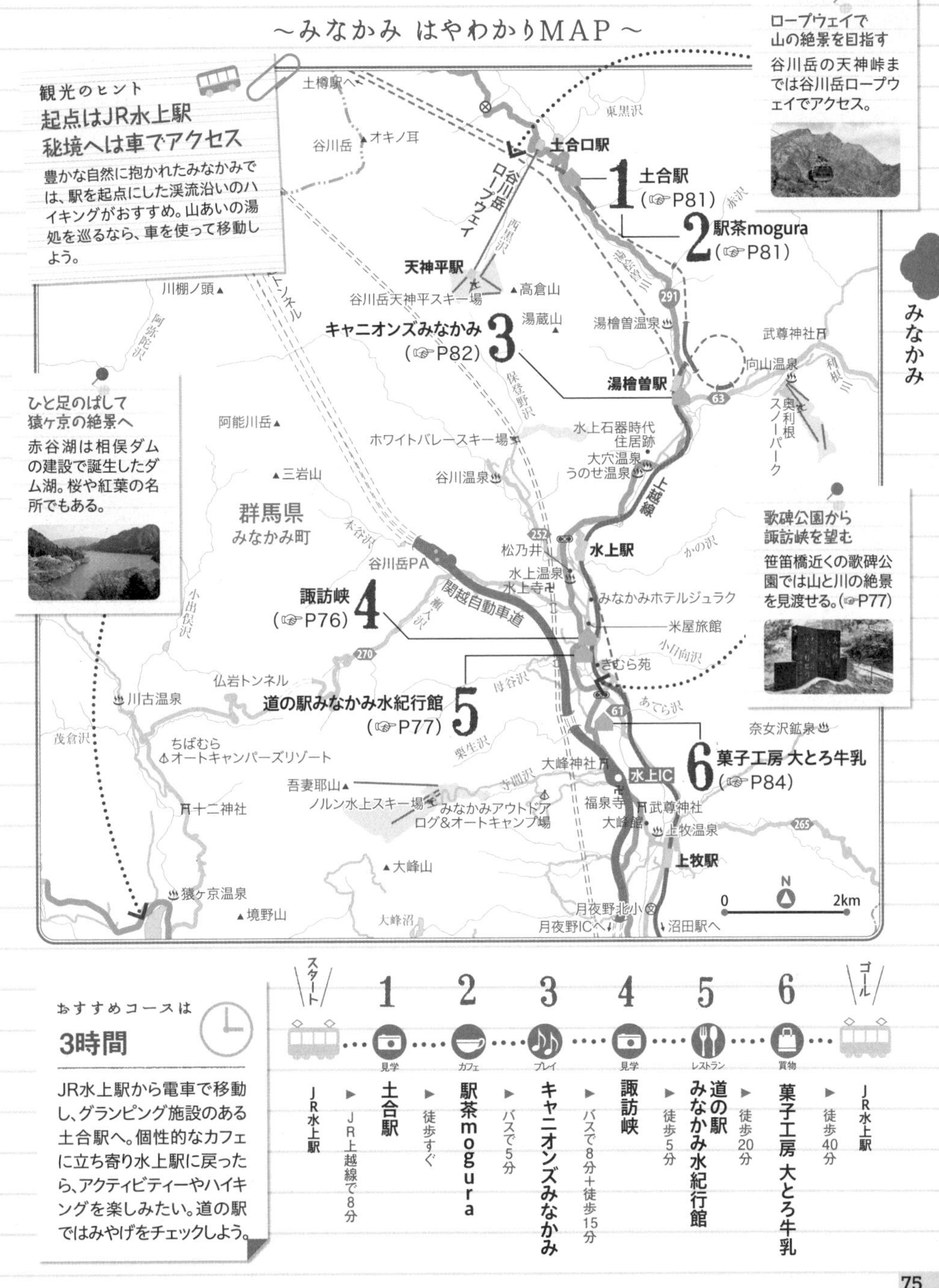

〜みなかみ はやわかりMAP〜
観光のヒント
起点はJR水上駅
秘境へは車でアクセス
豊かな自然に抱かれたみなかみでは、駅を起点にした渓流沿いのハイキングがおすすめ。山あいの湯処を巡るなら、車を使って移動しよう。
ロープウェイで
山の絶景を目指す
谷川岳の天神峠までは谷川岳ロープウェイでアクセス。
ひと足のばして
猿ヶ京の絶景へ
赤谷湖は相俣ダムの建設で誕生したダム湖。桜や紅葉の名所でもある。
歌碑公園から
諏訪峡を望む
笹笛橋近くの歌碑公園では山と川の絶景を見渡せる。(☞P77)
土樽駅へ
東黒沢
谷川岳
オキノ耳
土合口駅
谷川岳ロープウェイ
1 土合駅 (☞P81)
2 駅茶mogura (☞P81)
赤沢
天神平駅
高倉山
谷川岳天神平スキー場
川棚ノ頭
トンネル
西黒沢
湯蔵山
湯檜曽温泉
3 キャニオンズみなかみ (☞P82)
武尊神社
向山温泉
湯檜曽駅
奥利根スノーパーク
利根川
阿弥陀沢
保登野沢
阿能川岳
水上石器時代住居跡
ホワイトバレースキー場
大穴温泉
うのせ温泉
三岩山
谷川温泉
上越線
群馬県
みなかみ町
松乃井
水上駅
谷川岳PA
水上温泉
水上寺
4 諏訪峡 (☞P76)
みなかみホテルジュラク
関越自動車道
米屋旅館
小日向沢
きむら苑
仏岩トンネル
川古温泉
5 道の駅みなかみ水紀行館 (☞P77)
あてら沢
奈女沢鉱泉
茂倉沢
ちばむら
オートキャンパーズリゾート
栗生沢
大峰神社
水上IC
6 菓子工房 大とろ牛乳 (☞P84)
吾妻耶山
ノルン水上スキー場
みなかみアウトドアログ&オートキャンプ場
十二神社
福泉寺
武尊神社
大峰館
上牧温泉
上牧駅
大峰山
猿ヶ京温泉
境野山
大峰沼
月夜野北小
月夜野ICへ
沼田駅へ
0 2km
おすすめコースは
3時間
JR水上駅から電車で移動し、グランピング施設のある土合駅へ。個性的なカフェに立ち寄り水上駅に戻ったら、アクティビティーやハイキングを楽しみたい。道の駅ではみやげをチェックしよう。
スタート
JR水上駅
JR上越線で8分
1 見学 土合駅
徒歩すぐ
2 カフェ 駅茶mogura
バスで5分
3 プレイ キャニオンズみなかみ
バスで8分+徒歩15分
4 見学 諏訪峡
徒歩5分
5 レストラン 道の駅みなかみ水紀行館
徒歩20分
6 買物 菓子工房 大とろ牛乳
徒歩40分
ゴール
JR水上駅
みなかみ

利根川のせせらぎに耳を傾け 諏訪峡ハイキングにでかけよう

利根川の清冽な流れが造り出した、四季折々に美しい諏訪峡。
峡谷沿いに整備された遊歩道で爽快感たっぷりのさんぽを楽しもう。

散策の際は案内板を参考にしよう

日本百名山の一つ、谷川岳を仰ぎ見る渓谷。四季折々の自然美を楽しめる

諏訪峡ってこんなところ

みなかみ町を流れる利根川沿いには5つの渓谷があり、一番下流に形成されているのが諏訪峡。深いV字の渓谷には奇岩や滝などもみられるほか、遠くに標高1977mの谷川岳の稜線を見渡せる。JR水上駅から渓谷に沿って約2.5kmの遊歩道が整備され、水辺のハイキングにうってつけ。清流公園や歌碑公園、道の駅など立ち寄りスポットも点在しているので、ひと息つきながらのんびり歩ける。

☎0278-62-0401（みなかみ町観光協会）
MAP折込表⑧A3

Check Point

❶ 諏訪峡の歩き方

体力にあわせて歩こう

一般的にはJR水上駅から諏訪峡を折り返すコースだが、途中の笹笛橋を折り返しても四季折々の渓谷美を堪能できる。

ボランティアガイド

新緑から紅葉までの季節には、要予約でガイドと歩ける。☎0278-62-1155（水上観光ガイド協会）

❷ 諏訪峡遊歩道

4月下旬～5月下旬の新緑、10月下旬～11月上旬の紅葉の時期が特に美しく、多くのハイカーたちが訪れる。

谷川岳を背景に、森と渓流のコントラストが美しいロケーション

諏訪峡ハイキング

1時間30分

1 諏訪峡大橋（すわきょうおおはし）

JR水上駅、水上温泉街へのゲートウェイでもある、諏訪峡から高さ42mに架かる斜張橋。遊歩道から見上げると、大スケールの光景が広がる。

橋上からブリッジバンジーもできる

2 与謝野晶子歌碑公園（よさのあきこかひこうえん）

諏訪峡遊歩道の中間地点、笹笛橋のたもとに位置する公園。みなかみ町にゆかりのある与謝野晶子と与謝野鉄幹の歌碑が立つ。

与謝野晶子がみなかみを訪れた際に詠った歌碑がある

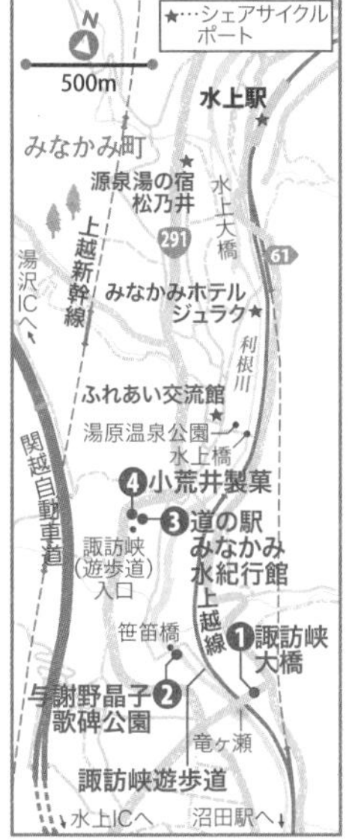

3 道の駅みなかみ水紀行館（みちのえきみなかみみずきこうかん）

利根川に生息する淡水生物を観察できる、水産学習館を併設したユニークな道の駅。軽食コーナーや売店はもちろん、足湯（冬期閉鎖）などもある。

☎0278-72-1425 住みなかみ町湯原1681-1 時9～17時（水産学習館16時30分最終受付）休無休（水産学習館は7～10月の第4火曜、11～6月の第2・4火曜休み）交JR水上駅から徒歩20分 P150台 MAP折込表⑧A2

水辺に立つ設備充実の道の駅

アーチ式の八木沢ダムを再現したダムカレー980円

トンネル水槽などを備えた水産学習館（入館350円）

4 小荒井製菓（こあらいせいか）

道の駅みなかみ水紀行館の近くに立つ和菓子店。北海道産小豆や生クリームなど、こだわりの素材で作る生どら焼き1個170円～が名物。

☎0278-72-2143 住みなかみ町湯原1680-20 時8時30分～17時 休木曜 交JR水上駅から徒歩20分 P8台 MAP折込表⑧A2

水上観光のついでに立ち寄りたい店

プレミアム小倉生どら焼き170円が一番人気

ティラミス大福などユニークな商品もおすすめ

自転車を使って回る

みなかみシェアサイクル（みなかみしぇあさいくる）

電動アシスト自転車のシェアサービス実証実験が始まった。JR水上駅や道の駅などにポートがあり、好きな場所でレンタルできる。

☎03-5308-0406（お客様サポート）¥15分25円、12時間まで800円 時休24時間 MAP折込表⑧A2など

サイクリングの際は、乗車用ヘルメットを持参・着用しましょう

諏訪峡大橋では日没から22時までライトアップされます

雄大な自然の中で癒やされる みなかみ18湯に点在する名物宿

みなかみ町には泉質や効能の異なる18湯があります。
絶景の湯宿は自然に囲まれた利根川上流に点在しています。

谷川温泉

べってい せんじゅあん

別邸 仙寿庵

世界に誇る旅館のおもてなしをコンセプトにした和のリゾート宿。全室露天風呂付きの客室は、それぞれ趣向を凝らしたぜいたくな造り。高さ8mもの曲面廊下など、日本の伝統的な建築意匠にもこだわっている。

☎0278-20-4141 住みなかみ町谷川614 交JR水上駅から車で10分（要予約で送迎あり）P17台 ●全18室 ●内湯2／露天2／貸切0 MAP折込表⑦B3

入浴のポイント

露天風呂すずむしの湯

全室露天風呂付きだが広々とした湯船に浸かりたいなら露天風呂がおすすめ。ミストサウナや塩サウナ付きの大浴場もある。

名峰谷川岳を借景にたたずむ静謐なプライベート空間

1泊2食付料金
平日4万6350円～
休前日5万8450円～
時間
IN13時　OUT11時

1 特別室しゃくなげに備わる広々とした露天風呂。湯船からは美しい庭園を望む 2 テラス付きの特別室は二間続きでゆったりした造り 3 上州牛やイワナなど地元の素材がふんだんに使われた夕食（一例）

谷川温泉

きんせいかん せせらぎ

金盛館 せゝらぎ

大正2年（1913）創業の湯宿。敷地内に温度の異なる4つの源泉を引き、代々続く湯守が適温に調節している。風呂は混浴露天風呂のほか、男女別に露天風呂付きの大浴場を完備。客室からは谷川の清流を見渡せる。

☎0278-72-3260 住みなかみ町谷川544 交JR水上駅から車で7分（要予約で送迎あり）P30台 ●全19室 ●内湯4／露天3／貸切1 MAP折込表⑦B3

天然かけ流しの温泉に浸かるおこもり感たっぷりの宿

1泊2食付料金
平日2万4350円～
休前日2万7650円～
時間
IN14時　OUT11時

1 加水、加温をしない天然温泉が注ぐ混浴露天風呂。不織布で作った露天風呂ウェアで入浴できる 2 信楽焼きや檜の露天風呂の付いた客室もある 3 旬の食材を使った夕食は月替わりの会席料理を味わえる

入浴のポイント

混浴露天風呂せゝらぎの湯

谷川のほとりに設置された名物風呂。四季折々に美しいロケーションが広がり、時間帯によっては貸切にもできる。7～10時は女性専用タイム。

源泉かけ流し　部屋食　エステあり　禁煙ルームあり　大浴場あり　ひとり宿泊OK

谷川岳の絶景を望む

檜の宿 水上山荘

3本の自家源泉を有する温泉自慢の宿。谷川岳の絶景を望むロケーションにあり男性用露天風呂「仙人岩乃湯」(写真)からは視界を遮らない美しい景色が広がる。☎0278-72-3250 MAP折込表⑦B3

水上温泉

ざざんみなかみ

坐山みなかみ

歴史ある水上館が2023年3月にリブランド。新しいコンセプトフロアには、半露天風呂付きの客室を完備。風呂は趣向を凝らした15種類の湯船を備え、湯めぐりが楽しめる。

☎0278-72-3221 住みなかみ町小日向573 交JR水上駅から徒歩20分（前日までの要予約で送迎あり）P100台 ●全88室 ●内湯3／露天3／貸切3 MAP折込表⑧A2

自然と和が融合した進化する温泉リゾート

利根川のせせらぎが耳に心地よい牧水の湯の露天風呂

✣1泊2食付料金✣
平日1万2250円～
休前日1万7750円～
✣時間✣
IN15時　OUT10時

入浴のポイント

15の湯めぐり

牧水の湯、水晶の湯、奥利根八湯、貸切風呂など全部で15種類の湯船を備えている。

自家製の豆腐が名物の秘境にたたずむ温泉宿

赤谷湖を見下ろす露天風呂には湯温の異なる2つの湯船を完備

✣1泊2食付料金✣
平日1万3350円～
休前日1万5550円～
✣時間✣
IN14時　OUT10時

入浴のポイント

民話の湯　露天風呂

巨石を組んだ野趣あふれる造り。採光たっぷりの大浴場もあり、どちらも広々としている。

猿ヶ京温泉

とうふかいせき さるがきょうほてる

豆富懐石 猿ヶ京ホテル

山々に囲まれたロケーションに立つ宿。自家製の豆腐を使った懐石料理に定評がある。湯治場の風情を残した源泉かけ流しの風呂も自慢。

☎0278-66-1101 住みなかみ町猿ヶ京温泉1171 交JR上毛高原駅から関越交通バス猿ヶ京行きで33分、関所跡下車、徒歩10分（JR上毛高原駅、JR後閑駅から定時送迎あり）P75台 ●全49室 ●内湯2／露天2／貸切2 MAP折込表⑦A4

上牧温泉

ぬくもりのやど たつみかん

温もりの宿 辰巳館

大正13年（1924）創業の歴史ある湯宿。画家の山下清がたびたび訪れたこともあり、大浴場には山下清の原画をもとにした巨大な壁画がある。川魚や地鶏を炭火で焼き上げる「いろり献残焼」が美味。

☎0278-72-3055 住みなかみ町上牧2052 交JR上牧駅から徒歩5分（要予約で送迎あり）P60台 ●全41室 ●内湯2／露天1／貸切2 MAP折込表⑦C4

月夜野の里山にある山下清ゆかりの宿

ほのぼのとした作風の壁画とレトロな浴槽で独特の雰囲気が漂う

✣1泊2食付料金✣
平日1万3350円～
休前日1万6650円～
✣時間✣
IN14時　OUT10時

入浴のポイント

はにわ風呂

山下清画伯の『大峰沼と谷川岳』を壁画にしている。湯船の中央にははにわが立っている。

ノスタルジックな風情が漂う 渓谷沿いにたたずむ秘湯の一軒宿

多くの温泉地を有するみなかみに、存在感のある湯宿が2軒あります。何度でもリピートしたくなる温泉ファン憧れの名湯へ。

法師温泉

ほうしおんせん ちょうじゅかん

法師温泉 長寿館

明治8年（1875）創業の由緒ある温泉宿。文人墨客にも愛され、与謝野晶子が逗留したという本館は、国登録有形文化財にもなっている。100年以上の歴史がある法師乃湯が名物。

☎0278-66-0005 住みなかみ町永井650 交JR上毛高原駅から関越交通バス猿ヶ京行きで30分、終点でみなかみ町営バス法師温泉行きに乗り換え20分、終点下車すぐ P30台 ●全33室 ●内湯3／露天1／貸切0 MAP P107D2

入浴のポイント

大浴場「法師乃湯」

和洋の建築が融合した鹿鳴館風の造り。基本は混浴だが、20～22時の間に女性専用タイムが設けられている。

自然に囲まれた一軒宿は古の面影を残す風呂が名物

✤1泊2食付き料金✤
平日1万9950円～
休前日2万1050円～
✤時間✤
IN15時
OUT10時30分

1 歴史ある法師乃湯では、浴槽の底に敷き詰めた玉石の間から温泉が自然湧出している 2 檜の柱とヒバ張り造りの長寿乃湯は男女入替制 3 上州牛や川魚など、地元の食材をふんだんに取り入れた夕食の一例

自然の景色に溶け込む開放感 野趣あふれる4つの露天風呂

✤1泊2食付き料金✤
平日1万6900円～
休前日1万8400円～
✤時間✤
IN14時 OUT10時

宝川温泉

たからがわおんせん おうせんかく

宝川温泉 汪泉閣

渓流沿いに設けた露天風呂が自慢の宿。混浴の摩訶の湯、子宝の湯、般若の湯のほか、女性専用の摩耶の湯がある。地元でとれたキノコや川魚を使った、滋味深い夕食も楽しみ。

☎0278-75-2121（予約）住みなかみ町藤原1899 交JR水上駅から関越交通バス湯の小屋行きで30分、宝川入口下車、徒歩20分（JR水上駅、JR上毛高原駅から要予約で送迎あり）P150台 ●全42室 ●内湯2／露天4／貸切0 MAP 折込裏C3

1 瀬音が心地よい子宝の湯は4つの源泉から湧出したかけ流しの温泉 2 木の温もりが感じられる木造3階建て本館の客室 3 四方を山々に囲まれた旅館ならではの、地場食材を使った山里料理が味わえる

入浴のポイント

混浴露天風呂「子宝の湯」

畳200畳分の広さを誇る露天風呂。男女とも専用の湯浴み着を着て入浴する。湯船の上屋に武尊神社が祭られている。

源泉かけ流し　部屋食　エステあり　禁煙ルームあり　大浴場あり　ひとり宿泊OK

「モグラ駅」とよばれる土合駅で非日常を体感

旅人と地元の人が行き交う場所を目指して、
JR土合駅の駅舎周辺に話題のスポットが完成しました。

どあい ゔぃれっじ

DOAI VILLAGE

「無人駅×グランピング」で地域を盛り上げる

一部の鉄道ファンや登山客には知られているJR土合駅。駅舎のまわりを整備して、2020年冬にグランピング宿泊施設がオープンした。生クリームをホイップしたようなかわいらしい外観のインスタントハウスが6部屋、テント（シブレー500）2部屋の全8部屋が点在。夕食は宿泊エリアの専用スペースでBBQを。群馬県産のブランド肉をはじめ、地元の旬の食材が楽しめる。宿泊者限定でフィンランド式のエクストリームサウナも利用可能。薪割りから火入れまでも体験できるので、好みの温度に調節することができる。滞在して楽しむアクティビティーも充実。渓谷でのラフティングやキャニオニング、湖でSUPやカヌーなどを体験しよう。

☎0278-25-8981 住みなかみ町湯檜曽218-2 ¥1泊2食付き2万6000円〜 休不定休 交JR土合駅構内 P20台 MAP折込表⑦C1

❶国内で初めて取り入れたインスタントハウスは、高い断熱性がある。室内は、夏は涼しく冬は暖かい。晴れた日には満天の星空が広がる ❷春〜秋限定のテント（シブレー500）は、大人6人まで宿泊できる ❸サウナで温まったら外気浴で整う

えきっさもぐら

駅茶mogura

ノスタルジックな空間で非日常に浸る

切符売り場や駅務室として利用されていたスペースを改装したカフェ。オリジナルブレンドコーヒー500円やスパイシーチキンカレー（目玉焼きトッピング）1100円などがおすすめ。

☎0278-25-8981（DOAI VILLAGE）住みなかみ町湯檜曽218-2 🕒11〜16時 休水曜、不定休 交JR土合駅構内 P20台 MAP折込表⑦C1

どあいえき

土合駅

日本一のモグラ駅とよばれている

JR上越線の群馬県で最北に位置する無人駅。駅員がいないため乗車証明書を発券して乗車しよう。山間部にあることから、上り線のホームは地上、下り線のホームは地下にあり、下りホームまでは486段の階段を利用する。

☎0278-62-0401（みなかみ町観光協会）住みなかみ町湯檜曽218-2 交JR土合駅構内 Pなし MAP折込表⑦C1

水上の自然を体感しよう！スリル満点のアクティビティー

みなかみのアクティビティーといえば、ラフティングとバンジーが定番！壮大な景色が広がる利根川をフィールドに、非日常の体験を楽しもう。

体勢を崩されながら水飛沫を浴びるスリル満点のラフティング体験

みんなで力を合わせてチャレンジ！

みなかみ

きゃにおんずみなかみ

キャニオンズみなかみ

利根川の急流と水飛沫に大興奮！

大型のゴムボートに乗り急流を下るラフティング。親切なガイドが乗り方、漕ぎ方をレクチャーしてくれるから初心者でも安心。キャニオニング体験もおすすめ。

☎050-4560-3800 住みなかみ町湯檜曽45 交JR水上駅からJR上越線で4分、湯檜曽駅下車、徒歩5分（要予約でJR水上駅、上毛高原駅から無料送迎あり） 休不定休 P50台 MAP折込表⑦C2

体験DATA

ラフティング（半日コース）

- 料金：8500円（4〜6月は9500円）
- 実施期間：4月下旬〜10月下旬
- 開催時間：8〜17時
- 年齢制限・予約：要問合せ

みなかみ

さるがきょうばんじー

猿ヶ京バンジー

渓谷へ真っ逆さまの恐怖体験

地上約62mの赤谷水管橋からダイブするブリッジバンジー。体重測定と健康チェックを済ませ、ハーネスを装着したらジャンプ台へ。ここまで来たら覚悟を決めて、カウントダウンとともにバンジー！

☎0278-72-8133 住みなかみ町相俣 交JR水上駅から車で30分 休火・水・金・土曜（変動あり） P10台 MAP折込表⑦A4

V字の渓谷に吸い込まれるように落下！

体験DATA

バンジージャンプ

- 料金：1回1万4000円（同日2回目以降7000円）
- 実施期間：通年
- 開催時間：9時〜16時30分受付（12〜3月は〜16時）
- 年齢制限・予約：ホームページで要確認

ジャンプ台から下を覗くと恐怖心が増すので、あえて逆さダイブでトライ

車窓からの風景にも癒やされる 週末はSLぐんまみなかみで出発！

週末を中心にJR高崎駅と水上駅を往復する、鉄道ファン垂涎の蒸気機関車。
車窓からの風景を楽しみながら、重厚なSLの走りを体感しよう。

黒煙を上げて走るSLは沿道から眺めるのもおすすめ

1 水上駅～後閑駅では美しい紅葉の中を走り抜ける 2 沼田駅～渋川駅では利根川沿いに多くの橋やトンネルを通過する

出発！

水上駅 ↓↑ 後閑駅 ↓↑ 沼田駅 ↓↑ 渋川駅 ↓↑ 新前橋駅 ↓↑ 高崎駅

えすえるぐんまみなかみ

SLぐんまみなかみ

往時を偲ぶD51の勇姿に感動

10時ごろに高崎駅を出発し、水上駅には12時ごろに到着。水上駅では到着したSLを転車台で回転させる貴重なシーンを見ることができる。復路は15時過ぎに水上駅を出発し、17時過ぎに高崎駅へ到着する片道2時間の旅路となる。

運行日▶ 主に土・日曜、祝日を中心に運行。詳細はJR東日本のホームページで確認。www.jreast.co.jp/railway/joyful/slgunma.html

料金▶ 全席指定。乗車券のほかに指定席券530円（子供260円）が必要。運行の1カ月前から主な駅のみどりの窓口などで発売。

※EL（電気機関）、DL（ディーゼル機関車）が牽引する場合あり。運転日などの最新情報はホームページでご確認ください。

MAP 折込表⑧A1

駅弁もあるよ

SLロクイチ物語1350円はビビンバの弁当

山の幸たっぷりの上州D51弁当1350円

ココにも行きたい

みなかみのおすすめスポット

天一美術館（てんいちびじゅつかん）

国内外の巨匠の作品に出会える

戦後日本を代表する建築家・吉村順三の遺作となった美術館。館内には岸田劉生の『麗子像』をはじめ、佐伯祐三、安井曽太郎、ロダン、ルノワールなど国内外の作家による名画、高麗・李朝の陶磁器のコレクションを展示。DATA ☎0278-20-4111 住みなかみ町谷川508-2 ¥入館1300円 ⏰9時30分～17時(入館は～16時30分) 休水曜、1月6日～2月末日 交JR水上駅から車で7分 P20台 MAP折込表⑦B3

TaigaGlass（たいがぐらす）

神秘的で美しいアクセサリー

温泉街にたたずむギャラリー兼工房。食器などにも利用される、熱刺激に強いパイレックスガラスを使い、ペンダントやヘアアクセサリーの制作体験ができる。体験は所要1時間ほど。完成したアクセサリーには透明のガラスの中に美しい花の形の模様が現れる。DATA ☎0278-72-6885 住みなかみ町湯原686-3 ¥体験コース4500円～ ⏰10～17時 休火曜 交JR水上駅から徒歩10分 P1台 MAP折込表⑧A2

そば処 角弥（そばどころ かどや）

清水でしめる極上のそば

創業250余年のそば処。伝統の味を守り続け、名物のへぎそばは2人前1958円。茹で上げた後にみなかみの水でしめるため、コシがありのど越しも抜群。枕崎産の本枯節厚削りを使ったツユとの相性も抜群だ。舞茸のてんぷら1870円も味わいたい。DATA ☎0278-72-2477 住みなかみ町幸知189-1 ⏰11～14時ごろ(売り切れ次第閉店) 休木曜 交バス停幸知からすぐ P25台 MAP折込表⑦C2

GARBA café（がるば かふぇ）

デコラティブなバームクーヘン

バームクーヘンの専門店。ショーケースには種類豊富なバームクーヘンやケーキが並び、併設のカフェで作りたてを味わえる。もっちりとした食感のBUNA880円は、ドリンクとセットで1180円。フルーツやブリュレ焼きしたバームスイーツを楽しみたい。DATA ☎0278-25-3887 住みなかみ町大穴815-3 ⏰9時30分～18時 休火曜 交JR水上駅から車で5分 P15台 MAP折込表⑦C3

気ママ屋（きままや）

愛情たっぷりのパンと焼き菓子

気のあうママたちが集まり、手作りのパンや焼き菓子を販売している。みなかみの果樹園から直送のりんごを使ったアップルパイ1個360円や、地元のさくらたまごを使って焼き上げるフレンチトースト130円などが人気。カフェも併設し、パンやスイーツをドリンクと一緒に味わえる。DATA ☎0278-72-1700 住みなかみ町湯原713 ⏰9～15時 休火・日曜 交JR水上駅から徒歩13分 Pなし MAP折込表⑧A2

ジャック・ザ・タルトファンタジー（じゃっく・ざ・たるとふぁんたじー）

パッケージもかわらしい♪

季節の素材やチョコレートなどを使った、焼きたてのチーズタルトを販売している。鹿児島と沖縄産のさとうきびなど厳選素材を使って焼き上げたチーズタルトは1個270円～。タルトをその場で味わえる、眺めのいいテラス席も併設。DATA ☎0278-72-8181 住みなかみ町川上124-1 ⏰10時～17時30分(土・日曜、祝日は～19時)、売り切れ次第終了 休火曜 交JR水上駅から車で6分 P20台 MAP折込表⑧A3

菓子工房大とろ牛乳（かしこうぼうおおとろぎゅうにゅう）

ミルクを使った新食感スイーツ

群馬県産のパスチャライズド牛乳とコラーゲンなどを混ぜて作る「大とろ牛乳」は、牛乳の風味とシャリッとした口あたりが特徴。プレーン550円、生チョコトッピング800円。季節のフルーツを使った期間限定メニューも登場する。DATA ☎0278-25-3604 住みなかみ町小仁田265-1 ⏰10時～17時30分(土・日曜、祝日は～18時)、売り切れ次第終了 休火曜 交JR水上駅から車で5分 P17台 MAP折込表⑦C4

まんじゅう屋 笛木 川上店（まんじゅうや ふえき かわかみてん）

ふんわりとろける生どら焼き

創業約80年の和菓子店。名物の「湯の花饅頭」をはじめ、多彩なみなかみ銘菓を製造販売している。手作り生どら焼き1個260円～は栗、小倉、抹茶、チョコなど6種類。ふっくらとした生地の中に各種ペーストの生クリームをサンドしている。店内の一角で購入した和菓子も味わえる。DATA ☎0278-25-8003 住みなかみ町川上115 ⏰9～18時 休無休 交JR水上駅から車で6分 P10台 MAP折込表⑧A3

湯テルメ・谷川（ゆてるめ・たにがわ）

谷間の景色と3種類の湯が自慢

川沿いの露天風呂(木曜は利用不可)と3つの源泉が楽しめる日帰り温泉施設。露天風呂は新緑や紅葉、雪見風呂など四季折々に楽しめる。不動の湯、河鹿の湯、蛍の湯の3種類の源泉が注ぐ湯船を巡ろう。DATA ☎0278-72-2619 住みなかみ町谷川514-12 ¥入浴2時間630円 ⏰12時～20時30分(最終受付19時30分) 休第3木曜(祝日の場合は翌日) 交JR水上駅から車で10分 P40台 MAP折込表⑦B3

世界遺産、町歩き、名物グルメ
情緒あふれる町にも立ち寄ってみよう

群馬には歴史に彩られた由緒ある町があります。
世界遺産を有する富岡、産業遺産が残る桐生、
名物グルメとだるまで賑わう高崎、文学の香り漂う前橋…。
それぞれのエリアで、のんびり町歩きを楽しみましょう。

世界遺産に登録されている煉瓦造りの富岡製糸場へ

ゆっくり見学60分

日本初の官営製糸工場であり、近代化の支えとなった富岡製糸場。レトロな建物を見学して、工女さんの時代にタイムトリップ！

国宝

ひがしおきまゆじょ
東置繭所

正門前にそびえるシンボル

アーチのある巨大な繭倉庫は、木で骨組みを造り、煉瓦で壁を仕上げた木骨煉瓦造で建設。珍しいフランス積みの煉瓦壁にも注目したい。

とみおかせいしじょう
富岡製糸場

日本初の官営製糸工場

明治5年（1872）に明治政府が設立した模範器械製糸工場。創業当時の主要建造物がほぼ完全な状態で現存し、平成26年（2014）には「富岡製糸場と絹産業遺産群」として、ユネスコの世界文化遺産に登録。製糸場内にある2つの置繭所と繰糸所は群馬県初の国宝。

☎0274-67-0075（総合案内所）住富岡市富岡1-1 ¥入場1000円 ⏰9～17時（最終入場は16時30分）休12月29日～31日（臨時休業あり）交上信電鉄上州富岡駅から徒歩15分 P市営駐車場利用 MAP P89A2

富岡シルク石鹸

580円～

シルク配合でキメが細かくクリーミーな泡立ち。弾力のある泡で肌をやさしく洗い上げ、しっとり潤う

まゆシューズ

1個330円

富岡産の繭を使った人気アイテム。シューズのほか、お守りや動物をモチーフにしたストラップがある

しゅちょうかん（ぶりゅなかん）
首長館（ブリュナ館）

ブリュナー家が暮らした

明治6年（1873）建築。製糸場の設立指導者として政府に雇われたフランス人のポール・ブリュナと家族が暮らした建物。※見学は外観のみ

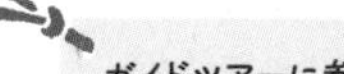

ガイドツアーに参加しよう

ガイドツアーでは解説員が同行し、製糸場の歴史や建築に関する解説を聞きながら主要スポットをめぐる。料金200円（9時30分～15時30分の間、平日1時間おき、土・日曜、祝日30分おきに出発。お昼を除く、所要約40分）。各自のスマートフォンを利用した音声ガイドアプリもある。

国宝

そうしじょ
繰糸所
創業当初、世界最大規模

中央に柱のない広い空間を作り出すために、小屋組にトラス構造を採用。電灯がない時代に造られたため、ガラス窓が大きくとられている。

小屋組の上部には通気口が見られる

国宝

にしおきまゆじょ
西置繭所
繭倉庫が見学可能に

主要な建物の一つで国宝。2020年5月に保存整備工事が完了し、ギャラリーや多目的ホールなどが整備された。

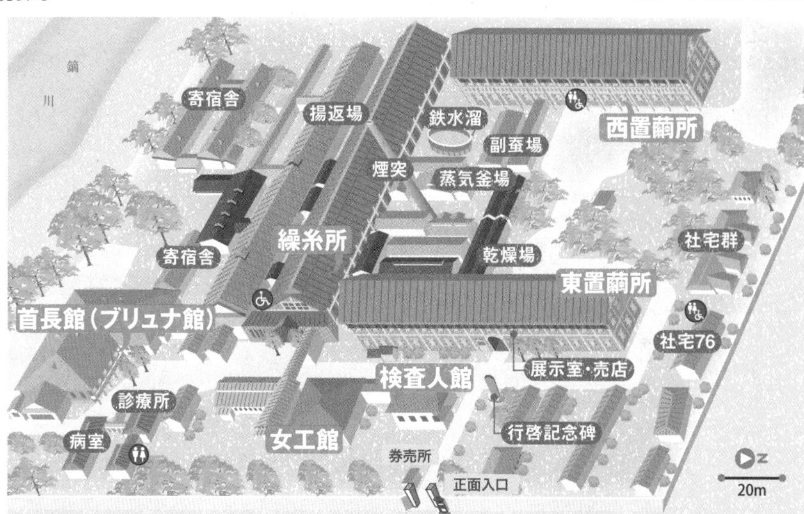

重文

けんさにんかん
検査人館
コロニアル様式の宿舎

明治6年(1873)にフランス人男性技術者の住居として建築。2階には大理石のマントルピースのある貴賓室が残る。※見学は外観のみ

重文

じょこうかん
女工館
フランス人女性教師の住まい

明治6年（1873）建築。器械製糸技術を伝えるために来日したフランス人女性教師の宿舎として建てられた。※見学は外観のみ

体験イベントをチェック！
座繰り体験プラン

座繰りとは、手回しの道具を使って繭から生糸を作る、昔ながらの技法。富岡製糸場内では1人2000円（所要約30分、要予約）で体験できる。

▲巻き取った糸枠はおみやげとして持ち帰れる

ノスタルジックな町で見つけた おいしいグルメ&カフェ

古民家をリノベーションしたカフェや昔ながらの食事処など、
富岡製糸場のお膝元でレトロなグルメ&カフェスポットをチェック！

かふぇ どろーむ
カフェドローム

明治8年（1875）に建築された古民家をリノベーションしたカフェ。店名は富岡製糸場の建設に関わったポール・ブリュナの出身地、フランスのドローム県から名付けられた。味噌や小麦粉など地元の素材にこだわったメニューのなかでは、自家製キッシュのドロームセットが定番。

☎0274-67-1123 住富岡市富岡51-4 ⏰11～16時（土・日曜、祝日は～17時）休無休 交上信電鉄上州富岡駅から徒歩15分 P2台 MAP P89A2

こちらもおすすめ

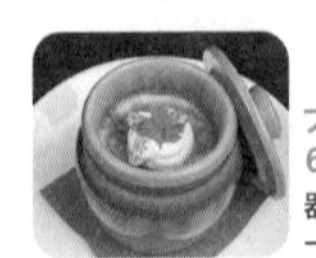

プリンそこがみそ 600円
器の底に味噌カラメルソースが入っている

土壁や梁を残した趣のあるたたずまい

富岡製糸場から約50m

①趣のある店構え ②2階店内には絹産業が盛んなリヨンから取り寄せたアンティーク品も並ぶ

キャッシュプレートと好みのドリンクが付いたドロームセット1200円。プリンそこがみそ付きで1650円

生ハムとグリュイエールチーズのガレット（スープ付き）900円。彩り豊かな人気メニュー

ほろ苦いコーヒーゼリー

富岡倉庫をリノベした洗練されたカフェへ

①ホイップクリームのせのコーヒーゼリー300円 ②洗練された内装デザインの店内

めるしー ここんあんどかふぇ
Merci Cocon &Café

大谷石積造の富岡倉庫2号倉庫を改修したカフェ。店内は隈研吾事務所によるデザインで、1階はカフェ、2階はワークショップスペースとなっている。メニューはクレープやサンドイッチのほか、ドリンクも多彩。ハンドドリップのコーヒー300円～や桑の葉オレ抹茶入り450円が人気。

☎0274-67-5591 住富岡市富岡1450-1 ⏰11～17時 休水曜 交上信電鉄上州富岡駅から徒歩1分 P富岡倉庫駐車場利用 MAP P89A1

こちらもおすすめ

バスク風チーズケーキ 300円
カラメルのようなほろ苦さが特徴。コーヒーの合うおすすめスイーツ

散策の後に ふらっと 立ち寄りたい

上州富岡ブリュワリーは、富岡製糸場近くにあるクラフトビールの醸造所。地粉ヴァイツェン900円～やチョコ600円～など定番ビールのほか、季節限定のビールも好評。
☎0274-67-7266 MAP P89A1

新洋亭
しんようてい

当時の工女さんがマナーを学んだ店

大正14年（1925）創業の食事処。富岡製糸場に近く、創業当時はテーブルマナーを学ぶために工女さんが訪れたという。醤油ベースのタレを使うカツ丼のほか、カツカレー1100円やナポリタン850円などが定番メニュー。

☎0274-62-0270 住富岡市富岡1412 ⏲11時～18時30分LO 休水曜、第3木曜 交上信電鉄上州富岡駅から徒歩5分 P5台 MAP P89A1

❶レトロな風情が漂う店内
❷昔ながらの味にこだわるオムライス900円

甘辛ダレのカツが3枚のったカツ丼900円。味噌汁と小鉢が付いている

高田食堂
たかたしょくどう

昭和28年（1953）に開業した食事処。当時、富岡製糸場の工女さんに評判だったカレーライスを昔のレシピのまま作り続けている。たれカツ丼750円などカツを使ったメニューも好評。みやげ用にレトルトカレーもある。

☎0274-62-0469 住富岡市富岡22 ⏲11時30分～売り切れ次第終了 休不定休 交上信電鉄上州富岡駅から徒歩9分 Pなし MAP P89A2

名物の辛口カレーはみやげにもできる

カレーライス650円。具は地元産の豚肉とタマネギを使い、スパイスがルーとよく合う

❶レトロな雰囲気の店内で常連客も多い
❷富岡の路地裏にたたずむ人気店

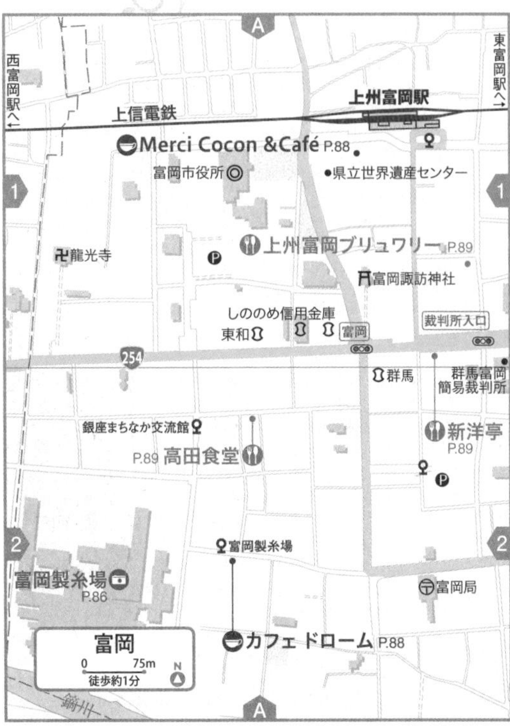

手作り体験とバイキングが人気 こんにゃくのテーマパークを満喫

こんにゃくの生産量日本一！ 群馬県ならではのテーマパークへ。
見て、食べて、遊んで、こんにゃくの魅力を体感できます。

見えにくい部分は映像で解説している

工場見学

こんにゃく粉から作られるゼリー、こんにゃく、白滝の製造ラインを無料で見学できる。1日120万食の製品が作られる工場内をめぐり、映像やパネルなどでも製造工程を学べる。

こんにゃくぱーく
こんにゃくパーク

こんにゃくの魅力を再発見!

和食文化の一つとして100年後も食べられる日本であるように、こんにゃくのおいしさと文化を伝えるテーマパーク。日本最大級のこんにゃく製品生産量を誇るヨコオデイリーフーズが手がけている。こんにゃくの工場見学をはじめ、手作り体験、無料のこんにゃくバイキング、ショッピングなど楽しみ満載！農産物直売所や子ども向けの遊び場もある。

☎0274-60-4100 住甘楽町小幡204-1 ¥入館無料 ⏰9時～17時30分（最終入館17時）、土・日曜、祝日は9～18時（最終入館17時30分）休無休 交上信電鉄上州福島駅から車で7分 P400台 MAP P108B4

❶こんにゃくゼリーや田楽みそおでんの製造ラインを見学できる❷ロゴマークが目印

めんたいパーク群馬もチェック！

2022年4月にオープン。明太子の工場見学や、フードコーナー、直売店、キッズランドなど。来て、見て、味わって明太子の魅力を体感できる明太子専門のテーマパーク。
☎0274-67-7415 MAP P108B4

無料バイキング＆詰め放題

バイキングゾーンではこんにゃくをアレンジした約15種類の料理を無料で楽しめる。また、買い物ゾーンの一角ではこんにゃくの詰め放題を開催。ビニール袋いっぱいのこんにゃくを持ち帰ろう（1回540円）。

❶こんにゃくの詰め放題は毎日開催している ❷買物前に試食しよう ❸こんにゃくのラーメンや煮物、ゼリーなど盛りだくさん

1

2

3

手作り体験をCHECK!

手作りこんにゃくゼリーフルーツ体験コース

カップの中に好きなフルーツをトッピングして、ゼリーの素を注ぎ冷やして完成。カップに絵や文字を描いてオリジナルゼリーを作るのもいい。完成したゼリーは持ち帰りも可能だ。
¥中学生以上1320円、所要約30分（要予約）

手作りこんにゃく体験コース

こんにゃく粉からこんにゃく作りができる本格的なコース。ボールの中にこんにゃく粉を入れ、粘りと硬さがでるまで混ぜ、好きな形に整えてお湯で茹でる。手作りならではの味染みのよさが魅力。¥中学生以上1430円、所要約60分（要予約）

こんにゃくカラーマジック体験コース

白こんにゃく＋野菜を鍋でぐつぐつ煮込むと、あっと不思議な色付きこんにゃくのできあがり。どんな野菜を使ったらどんな色になるのか？自宅でも再現できる色付きこんにゃくの作り方をぜひ体験してみよう。¥中学生以上1100円、所要約30分（要予約）

※体験コースは小学1年生以上2名～予約可能

人気みやげをCHECK!

ゼリー 各140円
群馬県産のこんにゃくを使ったゼリー。歯ごたえを感じられる食感で満足感がある

こんにゃくアイス 1個281円
マンゴーやチョコなど9種類の味が揃う。低カロリーなので健康志向の人におすすめ

マンナンポップコーン 各702円
大粒ポップコーン豆にゼリー状にしたこんにゃく粉を加えたマンナンポップコーン

手作りこんにゃく体験には「こんにゃくバイキング優先特典」が付きます。

萩原朔太郎の生誕の地・前橋で水辺の文学さんぽにでかけよう

上毛電鉄中央前橋駅を出発する文学さんぽに出かけませんか？
広瀬川沿いに、朔太郎が愛した趣ある風景が広がります。

1 広瀬川詩の道沿いには25もの詩碑が設置されている 2 萩原朔太郎の詩が刻された広瀬川詩碑 3 前橋市の中心を流れる広瀬川。水面に映る枝垂れ柳が美しい 4 生家を移築した萩原朔太郎記念館 5 前橋文学館の2階常設展では、朔太郎本人が自作詩を朗読した音声が聴ける 6 朔太郎のブロンズ像は文学館の入口に 7 明治43年（1910）に建設された書院風建築の別館 8 前橋が誇る木造建築の本館 9 別館2階には大広間が 10 赤味噌ベースのタレで香ばしい 11 ステンドグラスの窓が見られる聖堂

おさんぽコース

ひろせがわうたのみち
広瀬川詩の道 1 2 3

景色と詩がリンクする散歩道

広瀬川岸に約1kmにわたり整備された散歩コース。前橋を代表する詩人・萩原朔太郎をはじめ、北原白秋、山村暮鳥など、前橋にゆかりのある文学者の詩碑や歌碑が並ぶ。立ち止まりながらゆったりと散歩を楽しみたい。

☎027-235-8011（萩原朔太郎記念・水と緑と詩のまち前橋文学館）住前橋市千代田町 ¥🕒休散策自由 交上毛電鉄中央前橋駅からすぐ Pなし MAP折込表⑨C1

▶ 約4分

はぎわらさくたろうきねん・みずとみどりとうたのまちまえばしぶんがくかん
萩原朔太郎記念・水と緑と詩のまち前橋文学館 4 5 6

朔太郎の詩の世界にふれる

前橋ゆかりの詩人たちの資料を展示している。なかでも朔太郎に関する資料は数多く、自筆原稿や書簡などを見ることができる。

☎027-235-8011 住前橋市千代田町3-12-10 ¥入館100円（常設展）🕒9～17時 休水曜 交 上毛電鉄中央前橋駅から徒歩5分 P近隣駐車場利用 MAP折込表⑨C1

▶ 約16分

りんこうかく
臨江閣 7 8 9

近代和風の木造建築

明治17年（1884）、迎賓館として建築された建物。本館、別館、茶室からなり、国の重要文化財に指定されている。「前橋の芽ぶき」をテーマにした幻想的なライトアップも見応えあり。

☎027-231-5792 住前橋市大手町3-15 ¥入場無料 🕒9～17時（最終入館16時30分）休月曜（祝日の場合は翌平日）交上毛電鉄中央前橋駅から徒歩20分 P楽歩堂前橋公園駐車場利用220台 MAP折込表⑨B1

レンタサイクルで回ろう

JR前橋駅前に、世界的自転車メーカー「GIANT」のブランドストア・ジャイアントストア前橋がある。最新モデルのレンタルもできるので、天気のよい日はぜひ。
※サイクリングの際は、乗車用ヘルメットを着用しましょう。
☎027-226-1062 MAP折込表⑩C2

7  8  9  10  11

前橋平和局
原嶋屋総本家
前橋住吉局
愛宕神社
萩原朔太郎記念・水と緑と詩のまち前橋文学館
朔太郎橋
臨江閣
千代田町三
千代田町三丁目
遊園地坂下
広瀬川詩の道
中央前橋駅
前橋東照宮
楽歩堂前橋公園
前橋公園
上毛電鉄上毛線
本町一
白井屋ホテル
萩原朔太郎生家跡
前橋ホテル
前橋城
群馬県庁
カトリック前橋教会
県庁前
前橋市役所
表町一
本町三
本町
200m
清光寺
駅前
群馬ロイヤルホテル
群馬中央病院
ジャイアントストア前橋
両毛線
前橋駅

はらしまやそうほんけ
原嶋屋総本家 10

群馬名物のおやつを

▶約4分

安政4年（1857）創業の専門店。群馬のソウルフードとしても知られる焼まんじゅう1串240円は、まんじゅう4つとボリューム満点。

☎027-231-2439 住前橋市平和町2-5-20 ⏰10時30分～17時（売り切れ次第閉店）休火曜 交上毛電鉄中央前橋駅から徒歩22分 P15台 MAP折込表⑨B1

かとりっくまえばしきょうかい
カトリック前橋教会 11

ゴシック様式の建物

▶約15分

下部は四角、上部は八角の塔が印象的な双塔形式の教会。聖堂は国の登録有形文化財に指定されている。

☎027-221-2746 住前橋市大手町2-14-6 ¥見学無料 ⏰8～20時（礼拝中は不可）休不定休 交上毛電鉄中央前橋駅から徒歩15分 P2台 MAP折込表⑨B1

さくたろうばし
朔太郎橋

橋のたもとには、欄干にガス灯がモチーフの街灯がある。

☎027-235-8011（萩原朔太郎記念・水と緑と詩のまち前橋文学館）住前橋市千代田町 ¥⏰休見学自由 交上毛電鉄中央前橋駅から徒歩5分 Pなし MAP折込表⑩C1

はぎわらさくたろうせいかあと
萩原朔太郎生家跡

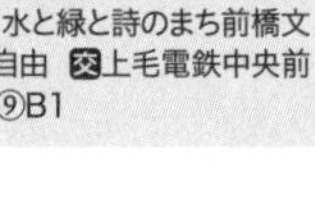

かつての北曲輪町69番地にあった生家の跡地。

☎027-235-8011（萩原朔太郎記念・水と緑と詩のまち前橋文学館）住前橋市千代田町 ¥⏰休見学自由 交上毛電鉄中央前橋駅から徒歩8分 Pなし MAP折込表⑨B1

全国屈指の豚肉生産量を誇る前橋で絶品の豚肉グルメを味わう

全国でも屈指の豚肉生産量を誇る前橋では、豚肉グルメも人気です。毎年、独自のコンテストを開催し、多彩な豚肉料理が誕生しています。

石焼ころとん ビビンバ
980円
ビビンバをスライスした豚肉で巻きボール状に。そのまま石焼してほぐしたら出来上がり。

上州麦豚食べ尽くしセット2500円もおすすめ

やきにくのじょうしゅう しきしまてん

焼肉乃上州 敷島店

アイデアの詰まった絶品ビビンバ

良質な肉にこだわった焼肉店。特選上州牛盛合せ3300円や上州麦豚食べ尽くしセットがリーズナブルに味わえる。

☎027-234-3329 住前橋市川原町1-30-23 ⏰11時30分～15時、17時～22時30分（土・日曜、祝日は11時30分 ～22時30分） 休無休 交JR前橋駅から車で12分 P20台 MAP P108C2

りばー みーと まーけっと

RIVER MEAT MARKET

肉厚のローストポークが美味

群馬県が誇るブランド肉、上州麦豚、上州和牛、赤城鶏を味わえる肉バル。料理によく合うドリンクも豊富。

☎027-224-0333 住前橋市本町2-10-13 ⏰17～24時（日曜は～22時） 休日曜 交JR前橋駅から徒歩10分 Pなし MAP折込表⑩C1

上州麦豚の厚切り ローストポーク
ハーフ880円／フル1580円
肩ロース肉を特製の調味液に漬けてから焼く。パンチのきいたソースとよく合う。

豚肉を使った育風堂粗挽きチョリソー6本1180円

チーズケバブ メヒカーナ
850円
豚ひき肉に5種類以上のスパイスを練り込み、チーズやハラペーニョ入りで焼いている。

中南米の小物をディスプレイした店内

ちゅうなんべいりょうり しあわせのとびら ぼるで

中南米料理 幸せの扉 ボルデ

辛さがクセになるひき肉料理

本場の中南米料理を日本人向けにアレンジした料理が人気。ペルー料理の鶏の丸焼きポーヨ・ア・ラ・ブラーザ1600円が定番。

☎027-260-6077 住前橋市三俣町1-2-9 ⏰11時～14時30分（14時LO）、17時30分～22時（21時LO） 休水曜、木曜不定休 交中央前橋駅から上毛電鉄で3分、三俣駅下車、徒歩5分 P10台 MAP折込表⑩C1

創業約300年の老舗旅館が「白井屋ホテル」として蘇る

時代の変化とともに宿のスタイルもブラッシュアップ。
どこにもない、オンリーワンなアートホテルに泊まってみよう。

しろいやほてる
白井屋ホテル

それぞれ異なるコンセプトの全25室

江戸時代に創業し、森鷗外など多くの文人墨客に親しまれてきた白井屋旅館。1970年代にはホテルスタイルとなり、平成20年（2008）には町の衰退とともに廃業となった。平成26年（2014）からまちなかの活性化に貢献するために再生プロジェクトが始動。全体の設計を建築家の藤本壮介が手がけ、新生「白井屋ホテル」として復活した。
ユニークな建築のみならず、館内もアートに包まれた空間となっている。世界的にも著名なクリエイターによる4つのスペシャルルームは、細部にまでこだわりが感じられる。国内外および群馬を拠点に活躍するアーティストの作品が飾られているのも魅力的。ホテル内には2つのレストラン、カフェ、バー、ベーカリーやフルーツタルト専門店のほか、3つのサウナも完備している。

☎027-231-4618 住前橋市本町2-2-15 交JR前橋駅から徒歩15分 P提携駐車場利用 MAP折込表⑩C1

❶再生プロジェクトは6年半かけて進行し2020年に完成した。緑豊かなファサードの煉瓦階段を上がりエントランスへ ❷白を基調としたシンプルでモダンな内装の藤本壮介ルーム。椅子やテーブルから植物が生えている「めぶく。」部屋 ❸吹き抜けにはレアンドロ・エルリッヒの作品が展示されている ©Shinya Kigure

れすとらん
RESTAURANT

上州の食文化をオマージュした料理

世界的美食ガイド『ゴ・エ・ミヨ 2023』掲載店。地元出身のシェフ、片山ひろが群馬の食材と郷土料理にこだわった上州キュイジーヌを提供。

◷17時30分～22時（最終入店19時30分）。ランチは土・日曜、祝日のみ12時～14時30分（最終入店13時）※ディナー、ランチともに要予約 休ディナーは無休 Pなし

ざ べーかりー
the BAKERY

行きつけにしたくなるベーカリー

「いいまちにはおいしいパン屋がある」をカタチにすべく誕生したベーカリー。職人が一つ一つ窯で焼き上げたパンは定番から菓子パンまで多彩。パン・ド・ミ350円や国産バゲット300円などがおすすめ。クロワッサン270円も人気。

☎027-231-2020 ◷10～18時（土・日曜、祝日は8時～） 休月・火曜 Pなし

上：日常の食卓を豊かにするシナモンロール400円　下：季節商品もチェック

往時を偲ぶ蔵や工場が点在する桐生の絹の道をぶらり♪

散策所要 3時間

養蚕が盛んで織物業で栄えた桐生には、昔の蔵や工場が現存しています。国の重要伝統的建造物群保存地区でもある町をのんびり歩こう。

1 展示室の一角では無料で機織り体験ができる 2 昔ながらの機織りの道具や製品なども展示されている

1 桐生織物記念館

きりゅうおりものきねんかん

桐生の織物業の歴史を伝える

昭和9年（1934）に桐生織物同業組合事務所として建設された建物。現在は手織機などの道具の展示などを行なっている。

☎0277-43-2510 住桐生市永楽町6-6 ¥入館無料 ⏰10～17時 休無休（販売のみ毎月最終土曜と翌日の日曜） 交JR桐生駅から徒歩5分 P15台 MAP P97

徒歩22分

徒歩6分

2 群馬大学工学部同窓記念会館

ぐんまだいがくこうがくぶどうそうきねんかいかん

ゴシック建築風の近代化遺産

大正5年（1916）、桐生高等染織学校の本館・講堂として建築された。大学敷地内のため、守衛所に声をかけてから見学しよう。

☎0277-30-1111 住桐生市天神町1-5-1 ¥入館無料 ⏰9～16時 休土・日曜、祝日、大学の行事日など 交JR桐生駅から徒歩25分 P4台 MAP P97

風格が漂うレンガ造りの門柱

淡いグリーンの建物は国登録有形文化財でもある

1 店内は採光たっぷりで明るい 2 パン、サラダ、スープ、ドリンク付きのスープセット825円

ひと足のばして桐生の古刹へ

江戸時代に創建された宝徳寺にも訪れたい。境内には100本以上のモミジが植栽され、本堂の床に映る床もみじは絶景。

☎0277-65-9165 MAP P109F1

徒歩8分

4 桐生市有鄰館（きりゅうしゆうりんかん）

桐生町並み保存の中心スポット

かつて味噌や醤油、酒の醸造を行っていた矢野家の蔵群。現在でも敷地内に11棟の蔵が立ち並び、コンサートや作品展を開催することもある。

☎0277-46-4144 住桐生市本町2-6-32 ⏰9～21時（イベントにより異なる）休月曜（祝日の場合は翌日）、祝日の翌日、12月28日～1月4日 交JR桐生駅から徒歩15分 P50台 MAP P97

それぞれの蔵の入口に分かりやすい看板が掛かる

文化活動の場としても利用されている

3 Bakery Cafe レンガ（べーかりー かふぇ れんが）

焼きたてパンが味わえる

大正8年（1919）に建てられた建物を利用したパン工房&カフェ。もとは織物工場で、ノコギリ屋根の建物にその面影を残している。

☎0277-32-5553 住桐生市東久方1-1-55 ⏰8～18時（土・日曜、祝日は7時～）休無休 交JR桐生駅から徒歩22分 P31台 MAP P97

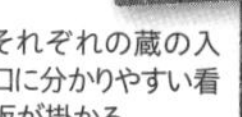

イベント会場としても利用されている煉瓦蔵

徒歩すぐ

5 矢野園（やのえん）

ひときわ目を引くノスタルジックな建物

享保2年（1717）創業の醸造元。店内ではお茶や米、醤油を販売するほか、併設の喫茶有鄰では抹茶ラテなどが味わえる。

☎0277-45-2925 住桐生市本町2-6-30 ⏰9時30分～18時30分 休月曜（祝日の場合は営業）交JR桐生駅から徒歩15分 P10台 MAP P97

茶屋ならではの濃厚な抹茶ラテ500円を味わおう

大正5年（1916）に建てられた建物が残る

ひもかわ、ソースかつ、焼きそば 食べ継がれた桐生のご当地グルメ

桐生には地元で親しまれている名物グルメがたくさんあります。
驚きの幅広麺や滋味深いソースカツなど、食べ歩きも楽しみ♪

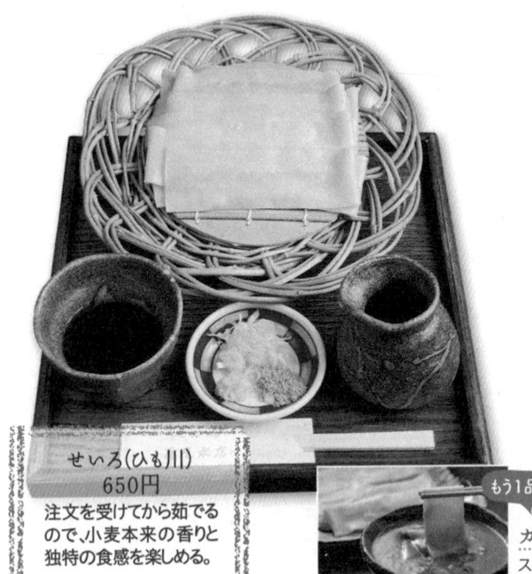

せいろ(ひも川)
650円
注文を受けてから茹でるので、小麦本来の香りと独特の食感を楽しめる。

もう1品なら
カレーせいろひもかわ1000円
スパイシーなカレーに約5cmの幅広麺がよく絡む人気メニュー。

ふじやほんてん
藤屋本店

桐生の郷土料理を堪能する

創業130余年、6代続く老舗店。ひもかわうどんとは、4〜10cm以上もある手打ち麺でモチモチ食感の伝統食。この店では地元の小麦粉と水を使い、塩分濃度や加水率を調整しながら手打ちしている。

☎0277-44-3791 住桐生市本町1-6-35 ⏰11時30分〜14時30分（金〜日曜は17時30分〜19時30分も営業）休月曜、第4火曜（祝日の場合は翌日）交JR桐生駅から車で12分 P12台（土・日曜、祝日は臨時駐車場あり）MAP P99A1

1 桐生の町並みに溶け込むようにたたずむ 2 趣のあるテーブル席のほかカウンター席も

めんどころさけどころふるかわ
くれむつあいおいてん
めん処酒処ふる川 暮六つ相生店

麺の幅15cm超えの極上メニュー

桐生市内にあるひもかわうどんを提供する店のなかでも、圧倒的な幅広麺を味わえる店。バラエティに富んだメニューのなかでも、もりひもかわ800円が定番。

☎0277-47-8190 住桐生市相生町2-735-15 ⏰11〜14時LO、17時30分〜21時15分LO 休月曜（祝日の場合は翌日）交わたらせ渓谷鐵道相老駅から徒歩6分 P20台 MAP P109F2

掘りごたつの座敷やテーブル席が備わる

海老天盛りひもかわ
1520円
ぷるぷると弾力がありのど越しも抜群。海老天付きでボリューム満点。

もう1品なら
カレー南蛮ひもかわセット1180円
麺を食べ終わったら半熟卵とご飯を入れて味わえる。

シロフジのアイスまんじゅうって？

桐生発祥のアイスといえば、昔ながらの手作りにこだわったシロフジのアイスまんじゅう1個270円が人気。ミルクアイスの中に餡を詰めたどこか懐かしい味わい。

☎0277-53-5115 MAP P109F2

ソースかつ丼(4個)
990円
ソースかつ丼のほか、味噌汁や別盛りの千切りキャベツなどが付く。

したみやほんてん

志多美屋本店

桐生の名物グルメを丼や定食で味わう

創業100余年にわたり、伝統の味を守り続けている食事処。定番のソースかつ丼のほか、玉子かつ丼（4個）1090円などがおすすめ。定食メニューも好評。

☎0277-44-4693 住桐生市浜松町1-1-1 ⏰11～14時LO、17～20時LO（売り切れ次第閉店）休木曜、第3金曜、第5水曜 交JR桐生駅から徒歩15分 P21台 MAP P99A2

もう1品なら

玉子丼990円
味噌汁、サラダ、お新香などが付く。

地元の常連客にも人気の食事処

ほりえのやきそば

ほりえのやきそば

桐生ではジャガイモのせが定番

やきそばの具材や盛りでバリエーション豊富なメニューが揃う専門店。やきそば（小）300円～のほか、群馬県産のもち豚をトッピングしたやきそば（肉入り・小）500円～などがある。

☎0277-47-3680 住桐生市本町3-5-9 ⏰11～16時ごろ 休火・水曜 交JR桐生駅から徒歩15分 P2台 MAP P99A2

ポテト入り焼きそば
300円～
ウスターソースとよく合う一品。ポテトは型崩れしないように別のせ。

もちもちの麺とポテトがマッチしている

良心的な価格で地元でも評判

美しいフォルムの縁起もの 高崎だるまのふるさとへ

眉毛は鶴、口髭は亀と、縁起のよい動物を顔に表現した高崎だるま。見ているだけで幸せな気分になれるだるまスポットへ。

寺の本堂にあたる霊符堂にはだるまの納め所が備わる

だるま型の絵馬なども掛かる

しょうりんざんだるまじ

少林山達磨寺

だるま尽くしのユニークな寺

縁起だるま発祥の地としても知られる古刹。境内にある達磨堂では、日本各地のだるまが展示されている。

☎027-322-8800 住高崎市鼻高町296 ¥休境内自由（寺務所・札場9〜17時）交JR高崎駅からぐるりんバス少林山線で20分、少林山口下車すぐ P100台 MAP折込表⑩A2

だるまのふるさとだいもんや

だるまのふるさと大門屋

高崎だるまを学ぶ

由緒あるだるま専門店の工房では、だるまの絵付け体験ができる。自分だけのオリジナルだるまを作ろう。

☎027-323-5223 住高崎市藤塚町124-2 ⏰9〜17時 休無休 交JR群馬八幡駅から徒歩12分 P100台 MAP折込表⑩A2

高さ12㎝〜のだるまに絵付けする体験。職人による指導のもと願いを込めて描こう

いまいだるまてん なや

今井だるま店 NAYA

伝統と革新が融合しただるま

デザイナーズだるまが話題の店。モノクロのねこなど、動物をモチーフにしただるまがユニーク。

☎027-323-5145 住高崎市上豊岡町78 ⏰9〜17時 休日曜、祝日 交JR高崎駅から車で10分 P5台 MAP折込表⑩A2

デザイナーズ「Love It DA-RUMA」ラビットだるま3850円

さんだいめ だるまや ましも

三代目 だるま屋 ましも

色彩豊かなデザインだるま

キャラクターとコラボしただるまが人気。ひときわ個性的なリーゼントだるまもチェック！

☎027-386-4332 住高崎市八千代町2-4-5 ⏰9〜17時 休日曜、ほか不定休 交JR高崎駅から車で10分 P4台 MAP折込表⑩B2

高さ9㎝と手のひらサイズの干支だるま戌1個1320円

趣向を凝らしたメニューが揃う 見た目もバズる高崎パスタを味わう

高崎市は人口あたりのパスタ専門店が多いことでも知られています。各店で趣向を凝らしたメニューがあるのでハシゴして味わってみて。

シャンゴ風
1080円〜
ロースカツの上にコクのあるミートソースをたっぷりかけた一品

しゃんごとんやまちほんてん
シャンゴ問屋町本店

群馬を代表するイタリアンの名店

高崎市のパスタ文化を牽引してきたイタリア料理店。高崎産の小麦配合のスパゲティに、上州麦豚のロースカツをのせたシャンゴ風が推しメニュー。オリジナルでは渡りガニのグラタンスパゲッティ980円やピリ辛トマトのベスビオ880円〜などがおすすめ。

☎027-361-5269 住高崎市問屋町1-10-24 ⏰11時〜21時30分 休月曜、第2火曜 交JR高崎駅から車で15分 P31台 MAP折込表⑩C1

レトロモダンな店内は天井が高く採光たっぷり

高崎パスタって？

小麦の栽培が盛んな群馬のなかでも、高崎では小麦グルメが進化を遂げ、多くのパスタ専門店が出現している。人気のパスタを選ぶキングオブパスタも開催されている。

これも人気

ボスコマーレ
940円〜
キノコと海の幸を使った定番のスープパスタ

れすとらん かふぇ かーろ
Restaurant Cafe CARO

コンテスト常連の人気店

クリーム系のパスタに定評のある人気店。これまでのキングオブパスタでは5回入賞し、うち3回で優勝している。2020年優勝メニューの赤城鶏の鶏ハムとほんのりワサビのクリームソースが定番。ランチは本日のパスタ1100円で日替わりメニューを味わおう。

☎027-326-8688 住高崎市連雀町25-1寿ビル1階 ⏰11時30分〜14時LO、17時30分〜21時LO 休火曜 交JR高崎駅から徒歩8分 Pなし MAP折込表⑩C2

こちらもおすすめ

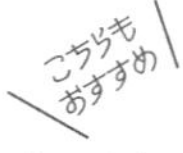
生ハムとルッコラのアマトリチャーナ1188円
生ハムの塩味とトマトソースの相性抜群

カジュアルな店内にはソファやテーブル席を備えている

赤城鶏の鶏ハムとほんのりワサビのクリームソース1298円
しっとりとした鶏ハムと濃厚なソースが絶妙

鉄道&高速バスで行く 草津 伊香保 四万 みなかみ

群馬の温泉地へはどう行くの？　鉄道とバスでのんびり行くのもいいよね。季節や時間によっては混雑回避で車を利用するのもありです。

東京から鉄道&バスで各エリアへ

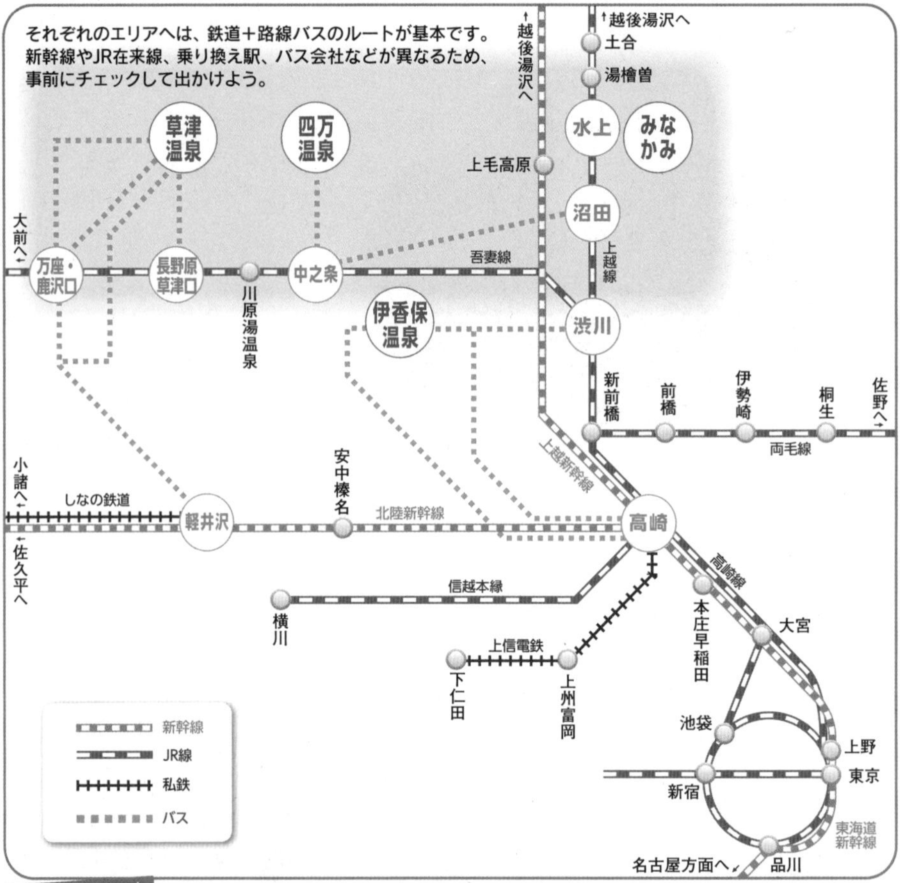

それぞれのエリアへは、鉄道＋路線バスのルートが基本です。新幹線やJR在来線、乗り換え駅、バス会社などが異なるため、事前にチェックして出かけよう。

越後湯沢へ
越後湯沢へ
土合
湯檜曽
水上
みなかみ
草津温泉
四万温泉
上毛高原
沼田
大前へ
万座・鹿沢口
長野原草津口
川原湯温泉
中之条
吾妻線
上越線
伊香保温泉
渋川
新前橋
前橋
伊勢崎
桐生
佐野へ
両毛線
上越新幹線
小諸へ
しなの鉄道
軽井沢
安中榛名
北陸新幹線
高崎
佐久平へ
信越本線
横川
高崎線
本庄早稲田
大宮
上信電鉄
下仁田
上州富岡
池袋
上野
新宿
東京
東海道新幹線
名古屋方面へ
品川

新幹線
JR線
私鉄
バス

プランニングヒント

草津温泉へ
東京駅または上野駅からは上越新幹線やJR特急を利用して長野原草津口駅からJRバス関東を利用しよう。東京駅から北陸新幹線で軽井沢経由のルートも。

伊香保温泉へ
上野駅からJR高崎線で渋川駅下車、関越交通バスで伊香保温泉へのルートが一般的。時間に余裕があるなら交通費がおさえられるのでおすすめ。

四万温泉へ
東京駅または上野駅からは上越新幹線やJR特急を利用して中之条駅から関越交通バスを利用しよう。

みなかみへ
東京駅または新宿駅からはJR線を利用して高崎駅経由で水上駅が便利。ほかに、東京駅から上越新幹線で上毛高原駅経由、関越交通バスで水上駅へ。

各エリア別のアクセスチャート

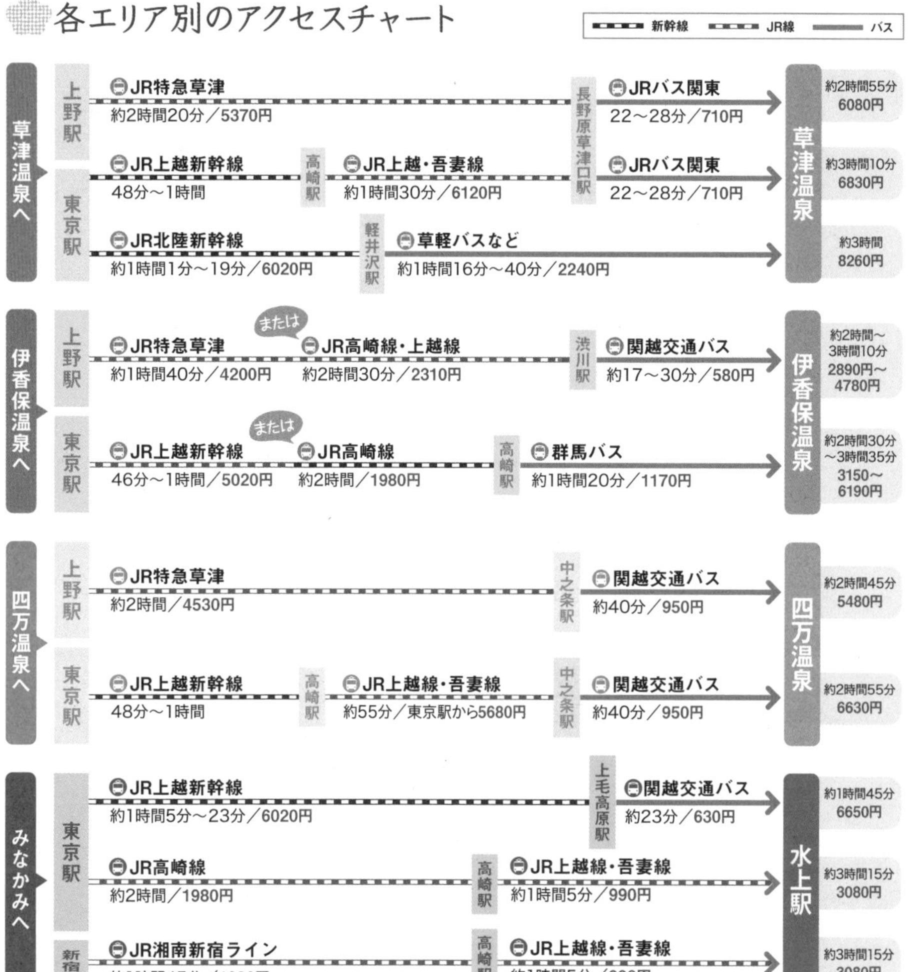

☎問合せ先

鉄道会社

●JR東日本 お問い合せセンター
☎050-2016-1600

バス会社

●関越バス（前橋）
☎027-210-5566

●関越バス（沼田）
☎0278-23-1111

●関越バス（渋川）
☎0279-24-5115

●関越バス（吾妻）
☎0279-75-3811

●群馬バス
☎027-371-8588

●JRバス関東（長野原）
☎0279-82-2028

●草軽交通（軽井沢）
☎0267-42-2441

えきねっと＋駅レンタカープラン

「えきねっと」でJR線チケットと同時に駅レンタカー券を購入

…お先にトクだ値…
乗車券・特急券30%引き

…えきねっとトクだ値…
乗車券・特急券10%引き
＋
駅レンタカー15～25%引き

購入はJR東日本の予約サイト「えきねっと」から

取り扱い駅レンタカー営業所は、前橋、高崎、渋川、沼田、上毛高原、伊勢崎、長野原草津口、安中榛名、軽井沢の各駅にある。
ドライブ情報☞P104

※割引率は時期により異なります。
※利用できる車はクラスが限定です。

ドライブで行く
草津 伊香保 四万 みなかみ

マイカーやレンタカーを利用すれば、
スケジュールが自由に組めて各エリアを周遊しやすいのがいい。

高速道路
有料道路
国道
一般道路
長野県
群馬県
栃木県
水上温泉
四万温泉
草津温泉
伊香保温泉
長岡JCTへ
土合
宝川入口
戸倉
大穴
苗場
片品
水上IC
月夜野IC
沼田IC
昭和IC
赤城IC
渋川伊香保IC
駒寄スマートIC
前橋IC
高崎IC
高崎JCT
高崎玉村スマートIC
藤岡JCT
藤岡IC
上里スマートIC
本庄児玉IC
寄居スマートIC
鶴ヶ島JCTへ
関越自動車道
北関東自動車道
上信越自動車道
前橋南IC
駒形IC
波志江スマートIC
伊勢崎IC
太田藪塚IC
太田強戸スマートIC
太田桐生IC
岩舟JCTへ
更埴JCTへ
佐久小諸JCT
佐久北IC
佐久IC
佐久平IC
碓氷軽井沢IC
松井田妙義IC
下仁田IC
富岡IC
吉井IC
甘楽スマートIC
野反湖
四万
湯宿温泉
上津大原（みなかみ）
沼田
中之条
万座温泉
草津温泉
六合
長野原
万座ハイウェー
鬼押ハイウェー
鬼押出し
白糸ハイランドウェイ
峰の茶屋
中軽井沢
軽井沢
伊香保温泉
榛名湖
渋川
権田
磯部入口
前橋
高崎
大沼
赤城
桐生
大正寺
安養寺
高林
富岡
下仁田
中込
吉田林

プランニングヒント

草津温泉へ
関越道渋川伊香保ICからと、上信越道碓氷軽井沢ICからの2ルートがある。渋川伊香保ICを起点にするのが一般的だが、軽井沢にも立ち寄りたい場合は碓氷軽井沢ICを利用しよう。

四万温泉へ
関越道渋川伊香保ICから国道353号を北上する。途中、草津方面へと向かう国道145号と分岐する一帯は、美しい里山の風景を眺めることができる。

伊香保温泉へ
関越道渋川伊香保ICを降りて20分ほどで、伊香保温泉へ到着する。榛名湖、吾妻渓谷、八ッ場ダムなど、周辺の景勝地にもアクセスしやすい。道幅の狭いところもあるので注意して走ろう。

みなかみへ
群馬の最北に位置する水上温泉へは、関越道水上ICから。温泉街へも近く、車移動の利便性が高いエリアでもある。車窓から谷川岳を望む山景を楽しめる。

各エリア別のドライブアクセスチャート

問合せ先

日本道路交通情報センター

●東北・常磐・関越道情報
☎050-3369-6762

●群馬情報
☎050-3369-6610

●長野情報
☎050-3369-6620

●首都高速情報
☎050-3369-6655

NEXCO東日本お客さまセンター

☎0570-024-024
☎03-5308-2424

高速バスで行く　草津 伊香保 四万 みなかみ

方面	出発地	バス名・路線名	目的地	予約	所要時間	値段(片道)	問合先
草津温泉・万座へ	池袋駅東口	千曲線軽井沢便	軽井沢駅前(北口)	要	2時間52分	2300～2900円	西武観光バス ☎0570-025-258
	渋谷マークシティ	軽井沢・草津線	軽井沢駅前(北口)	要	2時間55分～3時間	3100円	京王バス ☎03-5376-2222
	渋谷マークシティ	軽井沢・草津線	草津温泉BT	要	4時間27分	3600円	東急トランセ ☎03-6413-8109
	東京駅八重洲南口	ゆめぐり号	草津温泉BT	要	4時間2分～50分	3550～4000円	JRバス関東 ☎0570-048-905
	新宿駅南口／練馬駅経由	ゆめぐり号	草津温泉BT	要	3時間45分～4時間5分	3550～4000円	JRバス関東 ☎0570-048-905
伊香保温泉・四万温泉へ	東京駅八重洲南口	ゆめぐり号	伊香保石段街	要	2時間31分～3時間22分	2600～3000円	JRバス関東 ☎0570-048-905
	新宿駅南口／練馬駅経由	ゆめぐり号	伊香保石段街	要	2時間32～37分	2600～3000円	JRバス関東 ☎0570-048-905
	東京駅八重洲南口／川越駅西口経由	伊香保四万温泉号	伊香保温泉BT	要	3時間11分	2800円	関越交通 ☎0120-12-8805
	東京駅八重洲南口／川越駅西口経由	伊香保四万温泉号	四万温泉	要	4時間20分	3300円	関越交通 ☎0120-12-8805
	東京駅八重洲南口	四万温泉号	四万温泉	要	3時間30分	3300円	関越交通 ☎0120-12-8805
みなかみへ	新宿駅南口／練馬駅・川越駅西口経由	みなかみ温泉号	水上駅	要	4時間	3500円	関越交通 ☎0120-12-8805

草津・四万・水上ドライブMAP
0
3km
N
木島平村
長野県
山ノ内町
栄村
高山村
群馬県
中之条町
草津町
嬬恋村
長野原町
カヤの平高原キャンプ場
鳥甲山
栃川温泉
和山温泉
龍ノ峰
大岩山
エラクボ平
赤倉山
赤湯温泉
赤湯山
切明温泉
高標山
丸山
又七山
諏訪神社
小丸山
竜王スキーパーク
笠法師山
奥志賀高原
奥志賀高原スキー場
奥志賀高原G
竜王山
烏帽子岳
障子峰
佐武流山
大黒山
上ノ倉山
忠次郎山
焼額山
焼額山スキー場
アワラ湿原
五輪山
裏岩菅山
岩菅山
大倉山
八十三山
白砂山
上ノ間山
堂岩山
志賀高原中央エリア
一の瀬山の神スキー場
地獄谷温泉
西館山
東館山
琵琶池
旭山
志賀高原中央エリア
西館山スキー場
寺小屋峰
志賀高原中央エリア
サンバレースキー場
志賀高原
大高山
野反ダム
野反湖キャンプ場
ダン沢ノ頭
高沢山
大沼池
天狗平
志賀高原
志賀山
赤石山
石ノ湯温泉
エビ山
八間山
木戸山
鉢山
弁天山
相ノ倉山
熊の湯スキー場
横手山渋峠スキー場
中倉山
笠ケ岳
YAMABOKU GREEN SITE
横手山
P.39 チャツボミゴケ公園・穴地獄
五色温泉
七味温泉
芳ケ平
大池
大平湿原
群馬県
中之条町
黒湯山
万座山
万座温泉
白根山
尻焼温泉
白砂大橋
花敷温泉
老ノ倉山
平兵衛池
谷沢原
万座温泉スキー場
弓池
逢ノ峰
青葉山
上州湯ノ湖
松岩山
御飯岳
P42 万座
草津温泉スキー場
草津温泉
草津熱帯圏
品木ダム
本白根山
鏡池
富貴原ノ池
草津町役場
破風岳
嫗仙の滝
応徳温泉
暮坂高原オートキャンプ場
折込MAP表②
草津温泉広域
米無山
草津高原オートキャンプ場
道の駅六合
暮坂峠
土鍋山
道の駅草津運動茶屋公園
くれさかの森キャンプ場mamori
P.41 吾妻峡レールバイク A-Gattan!
P.41 八ッ場ダム
川中温泉
草津CC
龍沢寺
P.41 八ッ場バンジー
仙之入神社
高間山
P.41 川原湯温泉 あそびの基地NOA
松の湯温泉
野地平
上砥草山
群馬大津駅
長野原署
羽根尾駅
道の駅八ッ場ふるさと館
嬬恋スキーリゾート
嬬恋高原G
大津
長野原草津口駅
川原湯温泉
吾妻峡トンネル
半出来吾妻温泉
袋倉駅
吾妻川
長野原町役場
川原湯温泉駅
大柏木川原湯トンネル
茨木山
大前駅へ
万座・鹿沢口駅
湯田中へ
雑魚川
剣沢
三沢
中津川
魚野川
高沢
千沢
北沢
渋沢
黒沢
野反湖
黒渋沢
木戸沢
西の沢
熊沢
棒沢
サゴイ沢
コザノ沢
本沢
角間川
唐沢
渋沢
金山沢
小宿沢
白砂川
厳洞沢
長井沢
白砂川
魚沢
万座川
鍬沢
天神沢
本沢
ガラン沢川
405
502
471
292
66
405
55
112
466
112
292
55
292
292
59
112
144
406
145
146
241
145
A
B
C
1
2
3
4

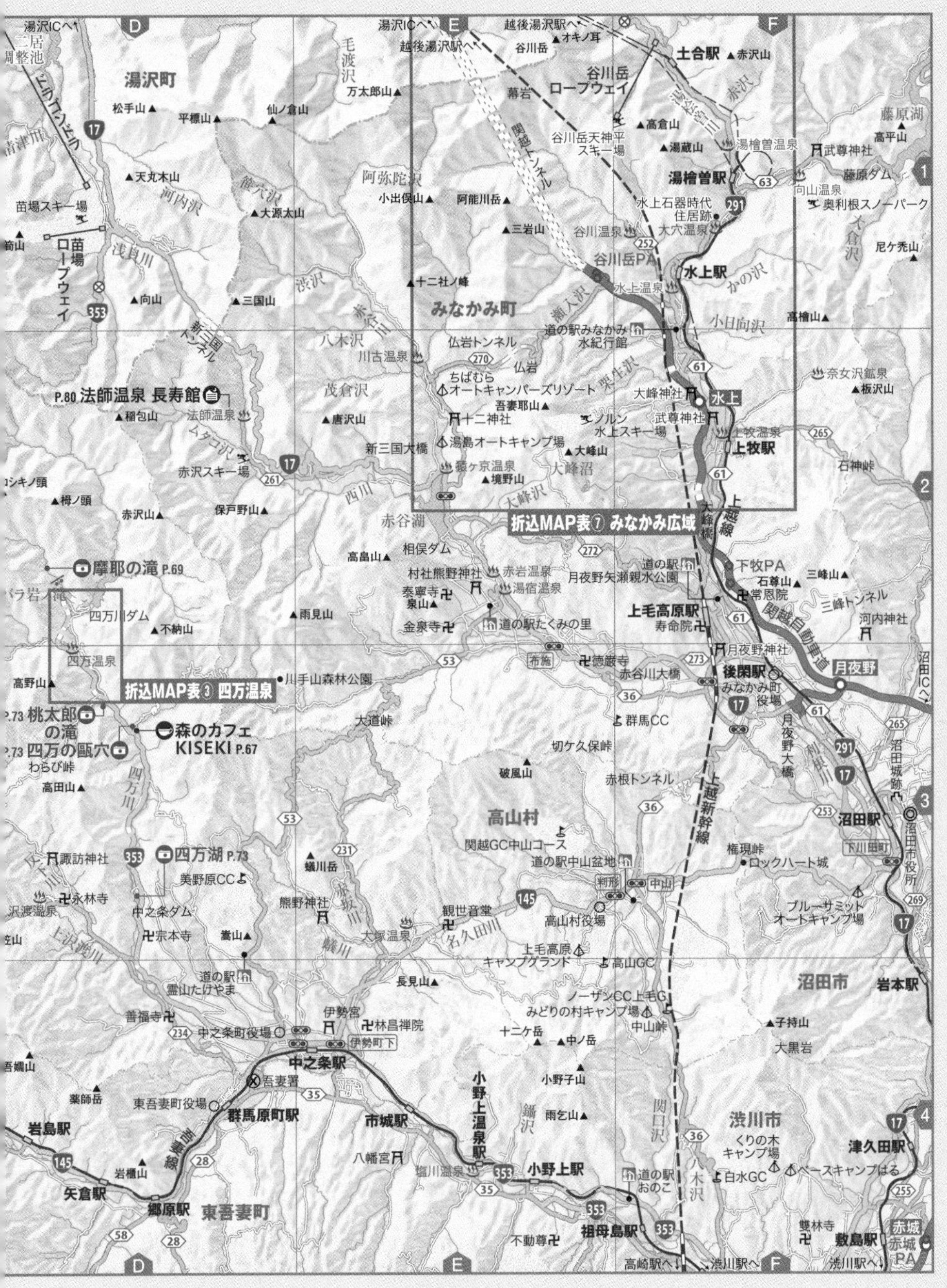

エリアMAP●草津・四万・水上ドライブMAP

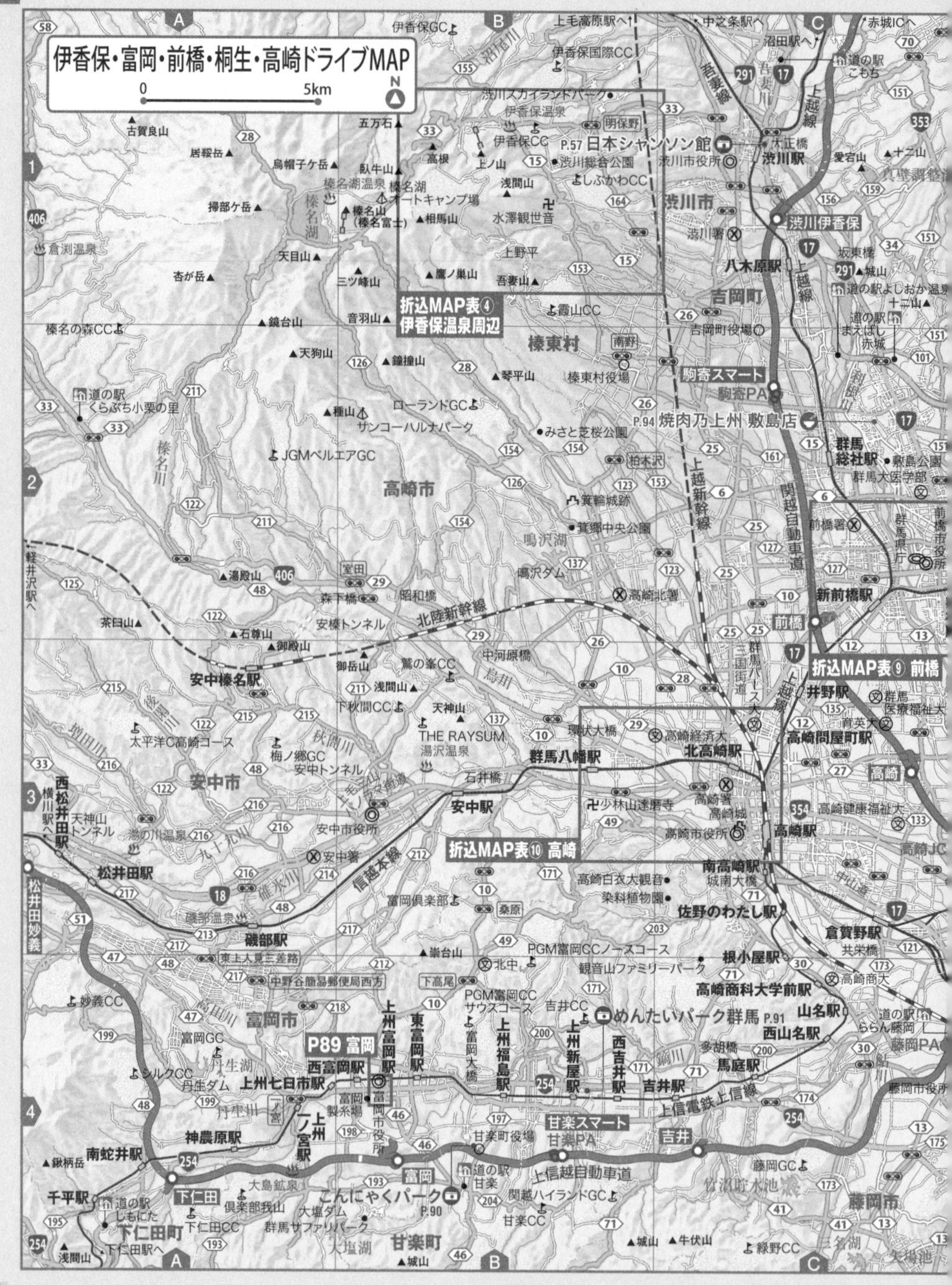
伊香保・富岡・前橋・桐生・高崎ドライブMAP
0
5km
N
折込MAP表④ 伊香保温泉周辺
折込MAP表⑨ 前橋
折込MAP表⑩ 高崎
P89 富岡
P.57 日本シャンソン館
P.94 焼肉乃上州 敷島店
P.91 めんたいパーク群馬
P.90 こんにゃくパーク
上毛高原駅へ
中之条駅へ
沼田駅へ
赤城ICへ
伊香保GC
伊香保国際CC
渋川スカイランドパーク
伊香保温泉
伊香保CC
明保野
渋川総合公園
しぶかわCC
水澤観世音
渋川市役所
渋川市
渋川駅
渋川伊香保
渋川署
八木原駅
吉岡町
吉岡町役場
霞山CC
榛東村
榛東村役場
駒寄スマート
駒寄PA
道の駅 こもち
道の駅 よしおか温泉
道の駅 まえばし赤城
群馬総社駅
敷島公園
群馬大医学部
前橋署
群馬県庁
前橋市
新前橋駅
前橋
井野駅
群馬医療福祉大
育英大
高崎問屋町駅
高崎
高崎健康福祉大
高崎JCT
五万石
古賀良山
居鞍岳
烏帽子ケ岳
榛名湖温泉
榛名湖
オートキャンプ場
榛名山 (榛名富士)
相馬山
掃部ケ岳
倉渕温泉
天目山
杏が岳
三ツ峰山
鷹ノ巣山
吾妻山
上野平
浅間山
高根
上ノ山
音羽山
鏡台山
榛名の森CC
天狗山
鐘撞山
琴平山
ローランドGC
道の駅 くらぶち小栗の里
種山
サンコーハルナパーク
みさと芝桜公園
JGMベルエアGC
高崎市
柏木沢
箕輪城跡
箕郷中央公園
鳴沢湖
鳴沢ダム
上越新幹線
関越自動車道
北陸新幹線
軽井沢駅へ
湯殿山
室田
昭和橋
森下橋
安棟トンネル
高崎北署
茶臼山
石尊山
御殿山
御岳山
鷲の峯CC
中河原橋
烏川
安中榛名駅
浅間山
下秋間CC
天神山
THE RAYSUM
湯沢温泉
秋間川
太平洋C高崎コース
梅ノ郷GC
安中トンネル
安中市
安中市役所
安中署
安中駅
石井橋
群馬八幡駅
環状大橋
高崎経済大
北高崎駅
高崎署
高崎城
少林山達磨寺
高崎市役所
高崎駅
南高崎駅
城南大橋
高崎白衣大観音
染料植物園
佐野のわたし駅
倉賀野駅
共栄橋
西松井田駅
横川駅へ
天神山トンネル
湯の川温泉
九十九川
松井田駅
松井田妙義
碓氷川
信越本線
富岡倶楽部
桑原
磯部温泉
磯部駅
東上人見三差路
中野谷簡易郵便局西方
崇台山
北中
PGM富岡CCノースコース
観音山ファミリーパーク
根小屋駅
高崎商大
高崎商科大学前駅
山名駅
西山名駅
道の駅 ららん藤岡
藤岡PA
妙義CC
下高尾
PGM富岡CC サウスコース
吉井CC
富岡市
富岡GC
シルクCC
丹生湖
丹生ダム
西富岡駅
上州七日市駅
上州富岡駅
東富岡駅
富岡大橋
上州福島駅
上州新屋駅
西吉井駅
吉井駅
多胡橋
馬庭駅
鏑川
上信電鉄上信線
藤岡市役所
富岡製糸場
富岡市役所
一ノ宮
上州一ノ宮駅
神農原駅
甘楽スマート
甘楽PA
甘楽町役場
吉井
南蛇井駅
鍬柄岳
富岡
道の駅 甘楽
上信越自動車道
藤岡GC
竹沼町大池
藤岡市
千平駅
下仁田
道の駅 しもにた
下仁田町
大島鉱泉
倶楽部我山
下仁田CC
大塩ダム
群馬サファリパーク
大塩湖
甘楽町
関越ハイランドGC
甘楽CC
城山
牛伏山
緑野CC
三名湖
浅間山
下仁田駅へ

SUBARU ふれあいの森赤城
鍋割山
赤城温泉
赤城国際CC
キャンプワンダー
忠治温泉
滝沢温泉
梨木温泉
桐生CC
道の駅 くろほね・やまびこ
桐生市
水沼駅
花輪駅
足尾駅へ
荒神山
鳴神山
大河原橋
赤城アウトドアベース
赤城山オートキャンプ場
わたらせ渓谷鐵道
本宿駅
上神梅駅
みどり市
道の駅ふじみ
道の駅 ぐりーんふらわー牧場・大胡
三夜沢町
赤城CC
小平の里 鍾乳洞公園
P.97 宝徳寺
大形山
寺沢ダム
嶺公園
ソーラーエコ 大胡ぐりーんふらわー牧場
カネコ種苗 ぐんまフラワーパーク
板橋
群馬県
前橋市
稲倉町
馬場
大間々GC
城山
高津戸公園
大間々駅
ぐんま昆虫の森
早川ダム
環境システム荻窪公園
道の駅赤城の恵
北原駅
新屋駅
粕川駅
膳駅
新里駅
赤城駅
東新川駅
運動公園駅
富士山下駅
天王宿駅
丸山下駅
吾妻山
吾妻公園
群馬大
樋越駅
新川駅
桐生球場前駅
西桐生駅
桐生駅
P99 桐生
上毛電鉄上毛線
江木駅
大胡駅
相老駅
下新田駅
心臓血管センター駅
P.98 めん処酒処ふる川暮六つ相生店
桐生市役所
片貝駅
三俣駅
泉沢町
岩宿駅
赤坂駅
上泉駅
天神山
みどり市役所
ジロフジ
P.99
新桐生駅
白葉峠
城山CC
前橋東駅
日本キャンパック大室公園
五料沼
荒子沼
杉菜原
阿左美駅
前橋東署
両毛線
荒神山
小俣駅
足利駅
前橋総合運動公園
今井町
西久保(東)
桐生大
大原上
松原橋
前橋大島駅
薮塚温泉
三日月村
太田双葉CC
共愛学園前橋国際大
波志江沼
波志江PA
伊勢崎
国定駅
大原仲
薮塚駅
八王子山公園
駒形駅
駒形
波志江スマート
太田薮塚
北関東自動車道
太田強戸スマート
太田強戸PA
東武桐生線
華蔵寺公園
伊勢崎署
あずま跨道橋
コーエィ前橋フットボールセンター
前橋南
権現山
治良門橋駅
龍宮橋
伊勢崎駅
新伊勢崎駅
鶴巻古墳史跡公園
桐生IC へ
太田
金山城
高崎玉村スマート
新田大根町
新田金井十字路
三枚橋駅
道の駅玉村宿
玉村町役場
伊勢崎市役所
ひろせ町
東山公園
別所
エアリスの小さな森公園
太田駅
ティー・エー・群馬の森
剛志駅
伊勢崎市
太田市
玉村町
玉村G
五料橋
東京福祉大
足利市駅へ
太田市役所
藤岡駅
岩倉橋
新玉村G
豊受橋
境三ツ木
玉村公園GC
高崎市
烏川神流川総合運動公園
境町駅
世良田駅
木崎駅
東武伊勢崎線
細谷駅
新町駅
藤岡JCT
神保原駅
上里スマート
上里SA
坂東大橋
道の駅おおた
群馬藤岡駅
万年寺
上里町役場
若泉2
利根川
上武大橋
本庄市役所
埼玉県
本庄市
本庄駅
刀水橋
上越新幹線
関越自動車道
高崎線
深谷市
新上武大橋
神川町
上里町
滝瀬
熊谷市
本庄早稲田駅
道の駅おかべ
高橋
共栄橋
道の駅めぬま
本庄児玉
丹荘駅
寄居駅へ
花園ICへ
深谷駅へ
熊谷駅へ
小山川
D
E
F
1
2
3
4

INDEX さくいん

観光みどころ 寺院 神社 プレイスポット レストラン・食事処 カフェ・喫茶 居酒屋・BAR みやげ店・ショップ 宿泊施設 立ち寄り湯

草津 伊香保 四万 みなかみ

関東❽

2023年6月15日初版印刷
2023年7月1日初版発行

編集人：浦井春奈
発行人：盛崎宏行
発行所：JTBパブリッシング
〒135-8165
東京都江東区豊洲5-6-36 豊洲プライムスクエア11階

編集・制作：情報メディア編集部
編集スタッフ：桜井晴也
取材・編集：アトリエオップ（渡辺 俊／秋田典子／河井ことみ）

アートディレクション：APRIL FOOL Inc.
表紙デザイン：APRIL FOOL Inc.
本文デザイン：APRIL FOOL Inc.
snow（萩野谷秀幸）
イラスト：平澤まりこ
撮影・写真：アトリエオップ（渡辺 俊）／グランツ／観光ぐんま写真館
関係各市町村観光課・観光協会・施設／pixta
地図：ゼンリン／千秋社／ジェイ・マップ
組版・印刷所：凸版印刷

編集内容や、商品の乱丁・落丁の
お問合せはこちら

JTB パブリッシング お問合せ

https://jtbpublishing.co.jp/contact/service/

本書に掲載した地図は以下を使用しています。
測量法に基づく国土地理院長承認（使用）R 2JHs 293-1483号
測量法に基づく国土地理院長承認（使用）R 2JHs 294-651号

●本書掲載のデータは2023年4月末日現在のものです。発行後に、料金、営業時間、定休日、メニュー等の営業内容が変更になることや、臨時休業等で利用できない場合があります。また、各種データを含めた掲載内容の正確性には万全を期しておりますが、お出かけの際には電話等で事前に確認・予約されることをお勧めいたします。なお、本書に掲載された内容による損害賠償等は、弊社では保障いたしかねますので、予めご了承くださいますようお願いいたします。●本書掲載の商品は一例です。売り切れや変更の場合もありますので、ご了承ください。●本書掲載の料金は消費税込みの料金ですが、変更されることがありますので、ご利用の際はご注意ください。入園料などで特記のないものは大人料金です。●定休日は、年末年始・お盆休み・ゴールデンウィークを省略しています。●本書掲載の利用時間は、特記以外原則として開店（館）～閉店（館）です。オーダーストップや入店（館）時間は通常閉店（館）時刻の30分～1時間前ですのでご注意ください。●本書掲載の交通表記における所要時間はあくまでも目安ですのでご注意ください。●本書掲載の宿泊料金は、原則としてシングル・ツインは1室あたりの室料です。1泊2食、1泊朝食、素泊に関しては、1室2名で宿泊した場合の1名料金です。料金は消費税、サービス料込みで掲載しています。季節や人数によって変動しますので、お気をつけください。●本誌掲載の温泉の泉質・効能等は、各施設からの回答をもとに原稿を作成しています。

本書の取材・執筆にあたり、
ご協力いただきました関係各位に厚くお礼申し上げます。

おでかけ情報満載 https://rurubu.jp/andmore/

233244 280440
ISBN978-4-533-15499-7 C2026

2307